Eleven questions for a better future

人生、このままでいいの？

最 高 の 未 来 を つ く る 11 の 質 問

河田真誠
Shinsei Kawada

CCCメディアハウス

はじめに

「質問」が迷いを断ち切る

この本は、あなたの「人生の道しるべ」になる本だ。これから長い人生を歩んでいく中で、その時々に必要な気づきを与えてくれる「一生を支える本」になるはずだ。

もし、「これからの人生をどう生きていこうか」「どうすれば、最高の人生を歩めるだろう」「本当にやりたいことは何だろう?」と人生に迷っていたり、よりよい人生を模索しているのであれば、本書とゆっくり丁寧に向き合うことをオススメする。できれば、この本を片手に旅に出れば完璧だ。

ところで、いつも不思議に思っていることがあるのだが、嘘をついてはいけないと子供の頃に教えられなかっただろうか? 嘘はついてはいけない、物事をごまかしてもいけない、他人を思いやらないといけない……。そう教わり、他人に対してそのように生きてきただろう。

なのにだ。自分に対してはそれができない。多くの人が自分に嘘をつき、自分の気持ちをごまかし、自分を思いやることをすっかり忘れて生きている。人生の主役は自分であり、自分を最も大切にすべきなのに、つい周りを気にしすぎるあまり、自分をないがしろにしてしまう。なぜだろう。

この本を手にしたことで、あなたの人生は動き始めるだろう。一番大きな変化は、「自分上手になる」ことだ。素直に自分を大切にし、自分らしい人生を歩み始め、グチや不平不満もなくなり、今までよりも、もっと深いところで、幸せを感じることができるようになるだろう。

といっても、この本には、ありがたい名言が書いてあるわけでも、きらびやかな成功ストーリーが紹介されているわけでもない。ここに書かれているのは「質問」だ。**質問には偉大な力がある**。僕は質問に答え続けることで、人生を切り開いてきた。よりよい人生を求める中で、道に迷っても後悔ない決断ができたのは、そこに「よい質問」があったからだと信じている。

改めて、はじめまして河田真誠《かわだしんせい》です。僕は「質問をする」ということを仕事にしている。少し変わった仕事だが、学校や企業にうかがい、社員や生徒に質問をしている。一般的に講師やコンサルタントは「こうするといいよ」と答えを教えることが仕事であるのに対し、僕は「どうするといいと思う？」と問いかけ、相手の答えを引き出し、時に一緒になって考えることが仕事だ。

不思議なもので僕に質問されると、悩みをもつ人も何かを叶えたい人も、自分でその答えを見つけ、驚くような成果を出していく。「スゴイですね！」とお褒《ほ》めいただくのだが、僕は質問をするだけなので、スゴイのは僕ではなく、「質問」なのだ。

「質問」が優れている理由は、これからお伝えするが、僕から何かを教えることはこの本でもしたくない。たくさんの質問を紹介していくので、その質問に答えていくことで、あなたなりの気づきや学びを得てほしいのだ。

もしかすると、中には「本当に質問で人生が変わるのか？」と疑問に思う人もいるだろう。そこで、まずは僕自身が人生に迷ってきた体験談から紹介したいと思う。大学中退や離婚、多額の借金を背負ったりと、あちこちにぶつかりながらも、何とか「幸せ」と心から思える毎日を手に入れるまでのストーリーだ。きっと、あなたにも共感できる部分も多いと思う。

06 どんな自分でいたいだろう？……126

第1章

人生の地図を手に入れよう

「みんなと一緒」は楽だけど、自分をどんどん失っていく

僕は、広島で生まれ育った。きっと多くの人がそうであるように、小学生の頃から「いい成績をとる」ことが正しいと信じて勉強をしてきた。「いい人生を送るには、たくさん勉強をしなくてはいけない」と、微塵《みじん》も疑うことなくテストの点を気にしてきた。「勉強しなさい」と繰り返し言っていた両親にも「なぜ勉強するのか」に対する明確な理由はなく、「なんとなく安心」というくらいの気持ちで言っていたのだと思う。

大学進学を決める頃になると、将来の仕事について、ぼんやりと考えることになる。進路相談ではテーブルの上にさまざまな職業に関する情報が並べられたが、どれもピンとこないし、ワクワクしない。そりゃそうだ。どの仕事もよく知らないのだから、リアルに感じられるわけがない。

結局はその段階では将来を決めることができず、「何がやりたいか」ではなく、「数学が得意だから」「親と同じ仕事もいいかな」という曖昧な理由で、狭い選択肢の中で無難な大学を選ぶことになる。

本当なら、心からワクワクする未来を思い描いて、その通過点としての「今」があるといい。しかし、僕は無難に進める道の中から未来を選ぼうとしていた。なんとも悲しい選択だったと今になっては思うのだが、目的意識もなく、目の前の快楽しか見えていない当時の僕が、そんなことに気づくはずもない。

小さな違和感を覚えながらも、なんとなしに進学した大学1年生のときのこと。ツラそうな顔で朝の通勤電車に乗る大人たちを見て、急に不安に襲われてしまった。今、歩んでいる道の先に、僕が心から望む毎日は待っているのだろうか、と。

それまで約12年間、小学生のときから毎日のように勉強してきたが、実はすっかり飽きてしまっていた。できることなら、もうやりたくない。たった12年でそんな気持ちになってしまうのだから、これから40年近くもやらなければいけない「働く」ということについては、真剣に考えないといけないと思ったのだ。よほど楽しいことを仕事にしなければ、人生はツライかもしれない。イヤなことをガマンして過ごす人生は心からイヤだと。

そう思い始めると、目的もなく大学に行くのがツラくなってしまった。大学に入ったばかりだったので、あと4年も勉強をしなくてはいけない。しかも、親にお金を出してもらいながら……。それほど裕福ではない家庭で、父親が一生懸命に働いて稼いでくれたお金で、ワクワクのカケラもない大学に通い続けることはできなかった。そして、僕は大学を中退した。今思えば、これが初めての「自分で決めた」ことだった気がする。

大切な人生を、他人に委ねてない？

「なぜ、大学に行ったの？」と当時聞かれていたら、「クラスのみんなが行くと言っているから」と答えていたはずだ。そもそも、なぜ大学に行くのかなんてことは考えたこともなく、流されていただけだ。周りに合わせていれば何も考えなくてもいいし、責任を取る必要もないから楽《ラク》だし、安心だった。

でも、大学をやめる決断はとても怖かった。独りぼっちになるし、「みんな」という枠の外にはじき出されるような気がして、外れることの怖さを強く味わった。でも、不安でいっぱいな気持ちの中に、同時に小さな誇りのようなものも持っていたことを今でもはっきり覚えている。やっとというか、とうとうというか、「みんながう言うから」では幸せにはなれないと気づき始め、「自分がどう思うか」で生きることを始めてみたのだ。

当然ながら、突然、「自分を生きること」は難しかった。なぜなら「自分」がよくわからないからだ。自分では、どうしたいのかよくわからないから、とりあえず「みんな」と同じことをしてみる。しかし、「みんな」と同じことをしてみると、それは「違う」ということがよくわかる。このように、僕は、「みんなが言うからやってみよう」と何かを始めては、しばらくすると「なんか違う」とやめ、「始める」「やめる」を繰り返して、「自分を生きる」を模索していった。

大学中退後、憧れだったバイク屋さんで働き始めた。「サラリーマンになれば、出世したり、給料が増えると幸せだ」とみんなが言うからやってみたが、僕の場合は給料が増えても幸せは増えなかった。その後、起業して会社をつくった。「会社は大きいほうがいい、従業員も売上も多いほうがいい」とみんなが言うからがんばってみたが、いくら大きくなっても、僕は少しも楽しくないし、心はどんどん疲れるだけだった。

いろいろな経験を重ねてきたこの頃から、自分自身が心から望んでいることがわかり始めてきた。その結果、僕は会社を大きくすることをやめ、ひとりで再起業し、自分がやりたいことだけを、気の合う仲間とやるという働き方にシフトして約10年。僕は自分なりの幸せをやっと手に入れた。

僕は「みんな」を気にするあまり、人生に迷ってきた。もちろん、悩んで遠回りしたことで得られたものも多いので、まったく後悔していないのだが、もし人生の節目節目に、もっと考えることができていれば、僕の人生は、こんなに遠回りすることもなかったかもしれない。

幸せとは、とても個人的なものだ。みんなが幸せと思うことも、自分が幸せを感じなければ幸せではない。幸せは自分の心の中にしかないのだから、自分の幸せを他人に委《ゆだ》ねてはいけない。童話『青い鳥』の中で、チルチルとミチルの兄妹が家の外には見つけられなかった幸せが家の中にあったように、本当の幸せは「外」ではなく、自分の「心の中」にあるのだ。

誰の声を聞いて生きていく？

この本を手にしているということは、今のあなたもかつての僕のように、人生に迷っているかもしれない。

「ここまでがんばってきたけど、思うような幸せを手にできてない」
「このままでいいのか不安になる」
「もっとよい人生があるのではないか」
「これからどう生きていけばいいのだろうか」

きっと、こんな気持ちを抱えていることだろう。流行の服を買ったり、ウワサのスポットや、口コミで人気のお店に行ってみたけど、なんだかちょっと物足りない。または仕事で成果を出して褒められたり、友達とワイワイ楽しい時間を過ごしても、心から満たされず虚《むな》しさを感じてしまう。

言いたいことがあったり、イヤな気持ちなのに、和を乱してはいけないとか、嫌われることが怖くて、本当の気持ちを抑えている。こんな経験はないだろうか？

これらの問題の多くは、自分の声よりも、みんなの声を大切にしすぎているから起こる。要するに無意識に自分の気持ちに蓋《ふた》をしているのだ。自分の気持ちに蓋をすれば、その場では楽かもしれないが、事態はどんどん悪化していく。しかも蓋をして、完全にふさがるならいいけれど、なかなか完全にはふさがらないものだ。スキマから本音がこぼれ出てくるからやっかいで、本音をごまかせずに苦しむことになる。ならばいっそのこと、本音を全開にして生きていくほうがいい。

世の中には、「自分の人生を他人に委ねすぎているから、本当の幸せをつかめない」ということに気づけない人もいる。外に広い世界が広がっていることに気づかずに「こんなものだ」と諦めて暮らしている人もたくさんいる。だからこそ、毎日に違和感を覚えているあなたに、僕は心から「おめでとう」と言いたい。違和感を覚えているということは、この小さな檻《おり》から抜け出る準備ができているということだからだ。

しかし、これまで檻の中で安全・安心に守られて生きてきたのに、急に荒野に放り出されても、生きていけるかが心配だ。そこで、この本をじっくりと読んで、心の支えになるものや目指すもの、大切にすべきものを見つけてほしい。あなたが思っているほど荒野は怖くない。可能性でいっぱいだ。

反抗期を迎えよう！

そもそも、なぜ僕たちの本音が迷子になってしまうのかという話をしたい。

生まれたときは、右も左もわからないから、「これは大切だよ」とか「大切ではないよ」と、親や先生が生きる上で大切なことを、いろいろ教えてくれた。それが「価値観」だ。おかげで僕たちはここまで生きることができた。

また、どんな人も、会社や組織など人との関わりの中で生きているから、「みんなはどう思うのか」と、どうしても他人が気になってしまう。「みんな」を気にしていれば、独りぼっちになることはないから、とっても安心だ。仲間はずれになることも、後ろ指を指されることもない。

親や先生の価値観の中で生きていくのも、みんなを気にして生きていくのもいいかもしれない。与えられた価値観や環境の中であれば安心だし、楽だろう。でも、あなたは、本当はそれでは人生が楽しくないことに気づき始めている。周りの人が言うことに、違和感を覚え始めていたり、「みんな」に同調すればするほど、自分がなくなっていくことに怖さを感じたりしているのではないだろうか。

みんなの「いいね!」は、あなたの「いいね!」ではない

親や先生から「与えられた価値観」を卒業する日は必要だ。なぜなら、あなたと親や先生は違うからだ。違う時代を、違う個性を持って生きているのに、同じ価値観で生きていけるはずがない。

また、みんなの声も必要以上に聞く必要はない。**みんなの声は「ヒント」であっても、「答え」ではないからだ。「ヒント」と「答え」は、どちらも人生をよりよくするにはなくてはならないものだが、その中身は大きく違う。**

ヒントは、答えを導くための判断材料だ。質と量とバリエーションが大切で、できるだけ上質なヒントをできるだけ多く、異色なものを集めるといい。たとえばレストランに入ったとき、メニューがたくさんあれば、なかなか決めることができないだろう。しかも、食べたことのないものばかりだとなおさらだ。そこで、ヒントが必要になる。これまでにその料理を食べたことがある人の感想やオススメ

のコメントが読めれば、自分の好きなものを選ぶことができるだろう。

人生で何かを決めるということはまさに同じ。まだ経験したことのないものの中から最も自分にふさわしいものを選ぶことは、なんとも大変な作業だ。しかし、いろいろな価値観で、いろいろな人生を歩んでいる人の話をたくさん聞けば、自分の人生を選ぶ上でのヒントになる。

ただし、**大切なことは、ヒントは答えではないということ。**みんなの「いいね！」と、あなたのとっての「いいね！」は違う。世の中がいくら広いといっても、自分とまったく同じ人生を歩んでいる人はいないので、周囲の声はヒントにはなっても、答えにはならない。周りの人の意見を自分の答えだと思ってしまうと、僕のように「やってみたけど、なんだか違う」と苦しむことになる。何を選択するのかは、自分が決めるのだ。その答えは、あなたの心の中にしかない。

「ヒント」と「答え」の違いを、しっかりと意識しておくと、人生は迷子にならずにすむ。繰り返すが、この違いが大切だ。

まず、疑え!!

口コミサイトで「いいね!」が多くついているレストランやホテルなどに行った経験は誰にでもあるだろう。評価の高いお店を「いい店」だと思い込みがちだが、それは注意したほうがいい。**それは「いい」と思う人が多かったというだけであって、あなたにとって、「いい」かはわからない。**

いいかどうかを決めるのは、あなたしかいない。たとえ、口コミの評価が悪くても、自分で感じてあなたが「いい」と思うなら、それでいい。他人の意見に流されずに自分の感覚で決めていくことが大切だ。

先日、婚活をしているという女性グループと話す機会があった。どうすれば結婚できるかがわからず、その答えをネットに求めているそうだ。たしかにネットには、「こんな服を着れば……」「こんな髪型にすれば……」「あれができれば……」「こんな人になれば……」という情報は山のようにある。たしかにいい情報もある。

彼女たちを否定する気はさらさらないが、はたしてそれらの情報を鵜呑《うの》みにして、本当に望みが叶うのかと疑問に思う。その情報どおりにすることによって結婚できるのであれば、とっくにみんなが結婚しているだろうし、日本中の女性は、みんな同じ服を着て、みんな同じ髪型やメイクをしていることだろう（若干、そんな風潮はあるにしても……）。

どうすれば結婚できるかの答えは、あなたにしかわからない。というのも、あなたと同じ人は世の中には他にいないからだ。ネット上の記事はヒントにはなるが、答えにはならない。誰かのようになればなるほど、個性という自分の魅力は薄くなっていく。彼女たちに伝えたいのは、他の誰かのようになるのではなく、もっと自分らしくなることである。本当に結婚したいなら、それが近道だと僕は思う。

さらに、もっと怖いのは、本当は違うと感じているのに、違うと感じる自分の感覚が間違っているのではないかと思い込んでしまうことだ。笑い話のようだけど、丸が描かれた絵を見せられた上で、「これは丸か三角か」と聞かれたとして、自分以外の多くが「三角だ」と答えたとしたら、「丸だと思う」と言う自信は大きく揺らぐのではないだろうか。このようにしっかりと「自分」をもっていないと、頭の中はあっさり「他人」に占拠されてしまう。

世間で言われる常識の多くも、そう考える人が多いという多数決の結果でしかない。これは民主主義の欠点としてよく指摘されるが、「多数決」が抱えている問題は、その答えがいつも正しいとは限らないことだ。多くの人が満足する結果につながることはあっても、一人ひとりが賢い選択をしないと、間違った選択をしてしまう。多数決がひとりの天才を潰してしまう危険性すらあるのだ。常識がそんなものでしかないとすれば、とらわれているほうがバカらしい。

それに、もし誰かの意見やアドバイスに従ったとしても、誰もあなたの人生の責任はとってくれない。あなたの人生をつくっていくのは、あなたしかいない。あなたの人生はあなたのものなのだから、自分が大切に思うことを大切にして生きていけばいいのだ。周りが言っていることを単純に鵜呑みにしてはいけない。1つひとつを疑って自分がどう思うかを自分に問いかけるのだ。

わがままでいい。自己満足で何が悪い？

あなたの人生を自分らしく生きるためには、周囲に必要以上に気を取られず、もっと自分にわがままに生きていけばいい。でも、「わがまま」と聞くと、ネガティブなイメージを持つかもしれないが、本当にそうだろうか。

本来、「わがまま」は「我が」と「まま」で、「私のまま」ということだ。**自己中心的であることと、わがままは違う。自己中心的とは「自分のことしか考えていない状態」のこと、わがままとは「自分を大切に物事を考えること」。**

もちろん、人間はひとりで生きているわけではないから、みんなの意見や気持ちも大切にしたほうがいい。**あなたの立場であなたらしく「みんな」を考えることが重要だ。そうすれば、周りにも多くの幸せをつくることができる。**周りの目を気にしているよりも、わがままでいるほうが、周囲をより幸せにすることができる。

また、**自己満足であることも大切だ。**「自己満足じゃダメだ」と言う人もいるが、幸せとはとても個人的なものだ。そもそも幸せとは自己を満足させることなのだから、自分が幸せならそれでいいのだ。その自己を満足させる方法の1つとして、みんなを幸せにすればいい。だから自己満足バンザイだ。

「わがままで自己満足」とは、言い方を換えれば、「自分らしく自分を幸せにする」ということ。それは何も悪いことではない。人からどう言われても関係ない、素直に幸せを求めていけばいい。むしろ何も考えずに他人の顔色をうかがい、与えられたものを受け入れているだけだから、自分の選択に覚悟がなく、人のせいにしてしまい、グチや不平不満が生まれてしまう。

わがままに自己満足を求めれば、言い訳やグチを言うこともなくスッキリと気持ちよく生きていける。自分の人生は、自分だけのものだ。誰かが幸せにしてくれることはない。だからこそ自分の手で自分を幸せにしていこう。自分を幸せにすることから逃げないことは人生の大切な課題だ。

すべての答えは、あなたの中に

人生の主役は、間違いなく「あなた」だ。自分の人生を他の人に奪われてしまわないように、人生の主語を「みんな」から「自分」に変えていこう。

「みんなが言っている」からではなく、「自分が思う」から。
「みんながそうしている」からではなく、「自分がしたい」から。

そんな選択をしていく積み重ねが「自分らしく生きていく」ことになる。とはいえ、自分の声を大切に生きていくことは楽ではないかもしれない。これでいいのかなと不安になったり、道に迷うこともあるかもしれない。でも、何がよくて何が悪いのかという判断基準も、進むべき道や目標も、すべてはあなたの中にしかない。結局、自分の人生は、自分で決めるしかない。

自分の心は、いつも会話をしておかないと、すぐに迷子になってしまう。だからこそ常に自分の気持ちに耳を澄ませておこう。そのためには自分に質問をすることがオススメだ。

自問すると、たくさん自分と会話ができ、自分の生きる道が自然と見つかっていく。誰かに与えられた道ではなく、自分が心から望む道だ。

人生は質問でできている

第2章

質問上手は、考え上手

自分の心と対話をするための一番のオススメは、自分に質問することだ。

「質問」は他人にするものだと思いがちだが、実は自分への質問もとても効果的だ。僕も講演や研修、コンサルティングで、毎日、多くの人に質問をしているが、自分自身に質問をするほうが圧倒的に多い。

なぜ、自問をオススメしたいかというと、考えることがうまくなるからだ。

「昨日の晩ごはんは、何を食べた？」と聞かれれば、自然とその答えを考えてしまうだろう。人は質問をされると自然と考えるという習性がある。このチカラを自分と向き合うときに使うのだ。

これからの人生を考えようと思っても、何をどこから考えればいいのかわからない。ノートを広げてみても何を書けばいいのかもわからない。わからないから結局、他人に答えを求めることになり、自分の心は再び迷子になっていく。そうならないために自分と向き合うツールとして「質問」を持つことが大切だ。

たとえば、人生計画を考えるとき、「なんでも叶うとしたら、何を叶えたいだろう？」という質問の答えを想像してみてほしい。

「海外に住んでみたい！」「海が見える家に住みたい！」「友達とおいしいごはんを食べたい！」「世界中を仕事で回れるようになりたい！」「好きなことを仕事にしたい！」「結婚をして家族を支えて生きていきたい！」など、さまざまな答えが浮かんでくるだろう（答えが思い浮かばなかった人は、これまで自分と向き合う時間をとってこなかっただけなので、心配せずに時間をかけて探していけばいい）。

このようにたった1つの質問があるだけで、これからの人生計画を楽しく考えることができる。アインシュタインが、「もし自分が死にそうな状況の中で助かる方法を考えるのに1時間あるとしたら、最初の55分は適切な質問を探すのに費やすだろう」という言葉を残しているように、質問は「考える」を強力に手助けしてくれる。

いい質問は、いい答えを導き出す。脳科学者によると、人は無意識を含めると、1日に約2万回も自問をしているとのこと。当然、**その質問の質がよくなれば答えの質もよくなり、人生の質もよくなる。いい質問こそが、いい人生をつくっていくのだ。**

質問がうまくなると世界も広がっていく

質問には「考えを促《うなが》す」以外にも、「新たな視点を与えてくれる」というチカラもある。人の成長とは、これまでに考えたことがないことを考えられるようになることでもある。人生経験が豊かな人ほど、1つの物事を多角的にとらえることができる。多くの視点をもっているから、物事を立体的にとらえることができるのだ。

しかし、考えたこともないことを考えることは実に難しい。なぜなら、考えたことがないことは考えられないからだ。

たとえば、仕事がうまくいかないときには、「なんで、仕事がうまくいかないいんだろう?」と考えがちだ。「なんで?」と考えると「あれがダメだから」「これがダメだから……」とダメなところがたくさん見つかる。そうすると、だんだん気持ちも沈んできて、最後は「私がダメだからだ……」とやる気も自信もなくなっていく。「こんなに落ち込んでいくことを考えていてはダメだ……」とは気づくもしれないが、何をどう考えればいいいかもわからない。それが誰にでもある思考の限界だ。

そんなときには自分に問いかける質問を変えてみるといい。たとえば「どうすれば、仕事はうまくいくだろう？」と。そうすると、「これをしてみよう」「あれをしてみよう」と、何かしらの解決策が見つかり、気持ちも明るくなっていくだろう。

このように問いかける質問を変えるだけで、見ているものは変わり、当然のこととして現実も変わってくる。同じことを考え、同じ選択をして、同じ行動をしていたのでは、同じ結果になって当たり前だ。

「どう考えるか」を変えると、結果も自然と変わる。自分の中に「質問のレパートリー」があると、簡単に視点を変えられるようになる。

いい質問は、一生、あなたを幸せにする

たとえば若い頃の僕は、「たくさんのお金があれば幸せになれる！」と思っていた。しかし、年を重ねてくるとお金よりも人との関わりや、チャレンジできることに幸せを感じるようになってきた。このように「何が幸せか」の答えは、日々、変わっていく。いつでも、いつまでも通用する「答え」はないのだ。

特に、価値観や環境の変化が激しい現代では、「こうするといい」という成功法則のような答えを求めても、明日には通用しないこともある。過去の答えや他人の答えが今のあなたに通用する可能性はとても低いだろう。答えはいつも変動的なものだ。

だからこそ「答え」ではなく、「質問」が大切だ。良質な質問は、その時々の自分に必要な気づきを、自分で導くことができる。「質問」はどんな時代にも通用する普遍的なものだ。いい質問は一生、そのときのあなたを幸せに導いていくだろう。

人生は、どんな質問を自分に投げかけているかでできているといっても過言ではない。自分の思考を整理し、時には見えていないものを見せてくれる上質な質問を自分に投げかけよう。

そこで、次の章で人生の岐路《きろ》に立ったとき、もしくは自分の人生を見直してみたくなったときに、自分に投げかけてほしい11の質問を紹介していく。どの質問も僕だけでなく、多くの人の人生を変えてきた大切な質問だ。ぜひ、じっくり時間をかけて考え、自分の心を旅してみてほしい。きっと、新しい自分と出会えることだろう。

質問がチカラを発揮する5つのルール

質問を紹介する前に、質問に答えるときのコツをお伝えしたい。質問はただ答えればいいというものではない。強力なだけに武器にも毒にもなる。ここでは、より効果的に使いこなすための5つのルールを紹介する。

ルール1 「紙に書き出す」

この本を読み進める前に、ぜひともノートを用意してほしい。本書で紹介する質問の答えを書き込むためのノートだ。質問の答えは頭で考えるだけではなく、自分の手で書き出すことが大切だ。書き出すことで頭を整理できるだけではなく、その答えを自分と切り離して客観的に見ることができる。

鏡がないと自分の顔も見ることができないように、自分のことも自分ではわからない。思考も同じで、紙に書き出して自分と切り離すことで、客観的に見つめることができる。答えは紙に書き出してほしい。

ルール2「どんな答えも正解」

自分の答えに自信が持てず、「こんな答えでいいのかな？」と、他人の答えが気になることもあるだろう。でも、そんな答えでいい。むしろ、そんな答えがいい。

周りの声を気にするのをやめて、自分の声を大切に生きていくために自問しているのに、ここで他人の答えを気にしたのでは本末転倒。それに他の人の答えを聞いたとしても、今のあなたの中にないものは受け入れることはできない。結局、今のあなたは、今のあなた以上でも以下でもないからだ。

背伸びをすることも、畏縮《いしゅく》することもない。今のままの自分を出せばいい。あなたがどんな答えを書こうとも、すべて正解だ。

ルール3「答えが出なくても正解」

なかなか答えが出ない質問もあるだろう。そんなときに、焦る必要も自分にガッカリする必要もない。なぜなら、答えが出ない質問は、これまでに考えたことがないだけだから。それは、そのままあなたの成長の余地とも言える。考えたことがないことをじっくり考えてみると、新しい世界が開ける。

早く答えることは重要ではない。むしろ、その問いを考え続けることのほうが大切だ。僕はたった1つの質問を1年以上考えていたことがあるし、7年たった今も答えが見つからない質問もある。でも、考えている時間の中でいろいろなことに気づき、成長できている。質問は答えではなく、考える時間が大切なのだ。

逆にすぐに答えが出る質問もあると思うが、それはそれで注意が必要だ。多くの場合、自分の中に答えが用意されていて、考えていないことが多い。すぐに答えが見つかるときには「本当にそうだろうか？」「もっといい答えはないだろうか？」と、さらに自問することをオススメする。

ルール4 「他人の答えも聞いてみる」

〈ルール2〉で、他人の答えを気にする必要はないと話した。自分の答えが大切なので、他人の答えを聞いている場合じゃない、と。しかし、他人の答えが必要なときもある。それは、あなたの世界を広げるときだ。

他人の答えを聞くと、「そんな考え方もあるんだな！」と価値観の幅が広がることがある。これは人生においてはとっても大切なことだ。（詳しくは、後ほど述べるが、）価値観が広がっていくことが成長することだからだ。

でも大切なことは、他人の意見は「ヒント」であっても、「答え」ではないということ。答えは常にあなたの中にしかない。

新しい発想が生まれる可能性もあるので、他人の答えを参考に自分の答えを磨いてみるのはいい。しかし、いきなり他人の答えを聞いてしまうと、それに引きずられてしまうので、まずはしっかりと自問し、自分の答えが見つかってから他の人の答えを聞いてみよう。

もし、他の人と答えをシェアするときには、どんな答えでも「いいね！」という姿勢で聞くことを大切にしてほしい。〈ルール2〉で述べたようにどんな答えも正解だ。そもそも価値観が違って当たり前なのだから、自分の価値観で他人の答えをジャッジしてはいけない。自分と違う価値観を楽しめるようになると世界は広がる。良し悪しをジャッジすることなく、どんな答えも「いいね！」と聞いてみよう。

ルール5 「いつもワクワクと楽しむ」こと

次章から投げかけていく質問は、あなたの人生に大きな影響を与えるはずだ。もちろん、その質問を考えるのは大切だけど、あまり深刻になりすぎないでほしい。もしかすると、人生とは壮大なゲームのようなものかもしれない。そうだとすれば、その根っこにあるものは「楽しむ」だ。

いい未来は、ワクワクした気持ちと一緒にやってくる。「どんな答えが正解なんだろう?」ではなく、「どんな答えがワクワクするだろう?」を大切に、心が躍り出すような自分なりの答えを見つけていってほしい。何度もしつこいようだが、どんな答えも正解だ。

第3章

最高の未来をつくる11の質問

自分を見つけるための「質問の旅」

これから僕が自分の人生を見直すときに大切にしている質問を紹介していく。これらの質問に答えていくことで、今を見直したり、本音に気づいたり、毎日を積み重ねていったり、自分を深く知ることができる。どの質問も、僕自身だけでなく、周りの人に問いかけてみて効果のあった質問なので、ぜひ真摯《しんし》に取り組んでみてほしい。

大切なことは、ここに書かれていることもヒントでしかないということだ。本文を読んだり、質問に答えたりして、心にグッとくるものもあると思う。しかし逆にイラッとしたり、否定したくなるものもあるはずだが、それでいい。

僕の仕事は、あなたを混乱させることだ。いい感情でも悪い感情でもいい、あなたの心に波風を立てて、感情を動かしていきたい。心が動くことで、自分を感じることができる。そんな気持ちの変化を感じてほしい。では、11の質問を紹介していこう。

ようこそ、自分の心の旅へ。

第3章
最高の未来をつくる11の質問

01

今の自分に「いいね！」できるだろうか？

これまでの人生や日々の生活を客観的に見たとき、迷うことなく自分自身に「いいね！」と言えるだろうか？　他人に「いいね！」と言うのは簡単だけど、自分に「いいね！」をするのは意外に難しい。なぜなら、本心はごまかせないからだ。

本当は納得していないのにごまかして、自分に「いいね！」をしたところで、本当の自分はそれに気づいている。そのズレはどんどん心に積もり、ストレスになっていく。やがて、そのストレスを解消するために、不平不満やグチを言うことになる。

幸せの形（何が幸せと感じるか）は人それぞれなので、自分なりの幸せを求めればいいと思う。しかし大切なことは、あなたが本当に「いいね！」と感じているかだ。要するに、心から納得いく人生や毎日を送っているのかということ。

この質問は、自分の人生を立ち止まり、見つめ直す質問だ。毎日でも毎週でも、時々、この質問に答えてみてほしい。そして、もし答えが「NO」であれば、その理由を見つけ、改善していきたい。

この人生に、納得できている？

僕は、「人生でもっとも大切なことは何？」と問われたら、迷わず「納得して生きること」と言う。どんな人生を歩もうが人それぞれなので、他人がとやかく言うことではないが、納得できていない人生ほどツライものはない。

納得できていないということは、自分で選択や決断をしていないということだ。

僕は小学校の給食が本当にイヤだった。自分で選べないのに、残してはいけないと理不尽なことを言われるからだ。与えられたものを受け取っても、納得していなければグチや不満しか生まれない。自分で納得して選んでいきたい。

たとえば、「働き方」を考えてみよう。「会社に勤める」と「自分で起業する」という大まかに2つの働き方があるとする。サラリーマンは「安定している」というメリットがあり、「自由が少ない」というデメリットがある。起業家には「自由がある」というメリットがあり、「安定していない」というデメリットがあり、どちらにもいい面とそうでない面がある。

納得して起業家を選んでいれば、「今月の売上が少なくてねー」と不安定なことでさえも受け入れ、楽しむことができるだろう。ゲームみたいなものだ。同じく納得してサラリーマンを選んでいれば、「起業している人は満員電車に乗らなくていいし、自由に休めるし、いいよねー」とはならない。納得していれば、隣の芝生は青く見えないはずだ。

これはサラリーマンと起業家のどちらがいいかという話ではない。納得して選んでいるのか？　という話だ。

自分で決断すれば、少なくともグチや不平不満は生まれないはずだ。不満なら自分の選択を変えればいいだけなのだから。納得するということは、それぞれの違いを理解した上で、自分で考えて決断することだ。

なぜ、自分に「いいね！」できないのだろう？

もし、今の自分に「いいね！」と言えないとしたら、その理由は何だろうか。その理由をぜひ考えてみてほしい。考えてもらった上で、僕が思う理由がいくつかあるので、解決アイデアも含めて紹介していきたい。

１つ目の理由は、ものの見方、考え方のクセだ。あなたは「あるものを見るクセの人」なのか、「ないものを見るクセの人」だろうか。コップに半分入っている水を見たときに「まだ半分ある」と思う人は「あるものを見るクセの人」、「あと半分しかない」と思う人は「ないものを見るクセの人」だ。

このクセが人生に大きく影響している。幸せな人と、そうでない人がいるとしたら、それは「どちらを見ているか」の違いによるところが大きい。「ないもの」を見ている人はどれだけ多くのものを手にしても、「まだまだ足りない」と思うだけで満足することはない。死ぬまで幸せを感じることはないだろう。

一方で、毎日の些細《ささい》なことに幸せを見つけることができる人もいる。「今日はいい天気で気持ちいいな」「たまたま入ったお店のランチがおいしかったな」など。

この人は常に「あるもの」を見ているので、どんな状態であろうと幸せを感じることができる。

自分に「いいね！」と言えるか言えないかの違いは「いいね！」と言える面を見ているか、そうでない面を見ているかだ。まずは、毎日の中にある些細な「いいね！」を見つけることから始めてみるといい。

2つ目の理由は、何が幸せかがわからないことだ。僕もそうだったが、学生の頃には将来どうしたいかなんて、まったくイメージできなかった。理想がわからないから、それをつくっていくこともできない。これは自分に向き合っていないことと、選択肢が圧倒的に足りないことが原因だが、このことは本書全体のテーマなので、各所を読んでいただきたい（のちほど、夢を見つける質問も紹介する）。

むしろ問題は、夢や生き方など幸せの選択肢が足りていないことだ。第1章でも書いたように、選択肢がないと選べない。今すぐにでも本屋や映画館に行って、自叙伝や小説など人生のストーリーに触れて人生のメニューを増やしてほしい。

また、人との出会いもオススメだ。近所の居酒屋に行ってみれば、いろんな人がいるだろう。そんな人と話をしてみるなど、できるだけ多くの人の人生に触れることで、その人が何に幸せを感じており、どんな夢を持っているのかを知ることがオススメだ。

大切なことは、「これまでに触れたことがない」だ。同じものに触れても世界は広がらない。読んだことのない本、会ったことのないようなタイプの人と触れ合ってみると、世界は広がるだろう。そのときに「この人とは違う」と自分の身を守りがちだが、それでは何の意味もない。違うことを楽しむことが大切だ。

3つ目の理由は、「過程を楽しめていない」からだ。たとえば、夢の途中であるとか、結婚したいけどできないでいるとか、もっと仕事をバリバリしたいけど実力が伴《ともな》わないなどのように、どうなると幸せかを自分はわかっているが、それが叶っていない夢の途中にいるから今は「いいね!」とは言えないという状態だ。

自分が思う最高の状態がわかっていてまだ実現していないのであれば、「いいね!」と言いにくいかもしれない。しかし、その過程を楽しむことはできる。

夢は叶ってしまえば現実でしかない。あんなに心がウキウキしていたこともすぐに慣れてしまい、もっと大きな次の夢を見始める。人は満足することなく、もっともっとを求める生き物だ。叶うことだけが「いいね！」だとすると、人生の大半は「いいね！」ではない時間になってしまう。チャレンジすること自体を心から楽しみ、そんな自分にも「いいね！」をしてあげよう（というよりも、楽しいと思えるチャレンジだけをしたほうがいい。そうでないと続かないから）。

最後になるが、４つ目の理由として「やっていない」という理由もある。理想もそこにたどり着く方法もわかっているけど、なぜか一歩が踏み出せないという状態だ。人は変化を怖れる生き物なので、現状を変えたいと頭では考えていても、ついつい昨日と同じ毎日を過ごしてしまうこともある。

この解決アイデアとしては、自然に行動してしまうほど心からワクワクする未来を描くか、もうガマンできなくなるまで「いいね！」とは思えない毎日を過ごしてみるかのどちらかだ。

いずれにせよ、周りの人が変えてくれることはない。自分の背中は自分で押すしかないのだ。

人生は、あなたの思い通りになる

「いいね！」と言えない原因がわかったところで、ここからは、どうすれば、心から「いいね！」と思える毎日がつくれるかを、具体的に考えていきたい。

まずは前提として、人生は「あなたが望んだ通りになっている」ということを知っておいてほしい。つまり、**あなたの人生は、あなたで選んだものでできている。**

今、目の前にある現実の良し悪しは別として、その現実はこれまでのあなたの1つひとつの選択と決断の結果だ。そう言うと、「こんな現実、望んでない！」と思う人もいるかもしれない。

でも、よく考えてみてほしい。あなたを縛《しば》ってきたものは何もない。一昔前の時代のように身分制度も厳しい抑圧もない。どんな生き方も働き方も自由に選べる時代だ。しかも、世界には今日生きることも叶わない人がたくさんいる中で、日本に住む僕たちは自分の将来を自分でつくることができるという幸せな環境に生きてきた。とてもありがたいことだ。

もしかすると、自分の生まれた環境が悪いからだと思う人もいるかもしれない。しかし、劣悪な環境に生まれても、その逆境をチカラに変えて大きな幸せをつかんだ人もたくさんいる。逆に恵まれた環境に生まれても、それに甘んじて人生をダメにしてしまった人もいる。よりよい人生にチャレンジしてきたのも、チャレンジしないという選択をしたのも、あなたである。

「どう生きていくか」「何を大切にするか」「どこを目指すのか」「どんな自分でいるか」は、すべては自由だ。自由な選択の結果、今のあなたがいる。

そして、これまであなたの自由だったように、これからの人生もあなたの思い通り、自由に生きることができる。過去がどうだったかは一切関係ない。過去を活かすことは大切だけど、引きずる必要はない。

理想の未来に必要のないものであれば、遠慮なく捨てていけばいい。あなたが明日からどう生きていくかはまったくの自由だ。未来は可能性でしかない。ぜひ、心から「いいね！」と言える納得のいく毎日をつくっていってほしい。

？一緒に答えたい質問

Q 納得できていないことがあるとすれば、それは何だろう？

これまでの人生や日々の生活、仕事やプライベート、人間関係など、自分の周りにあるすべてのものを見渡してみて、納得いっていないものを書き出してみよう。ポイントは、ちょっとでも違和感を覚えるものやイヤなことなど、すべてを書き出すことだ。そして、ちゃんと自分の気持ちを感じることだ。「仕方ないかな」と自分を無理に納得させたり、ごまかしたりすることなく、しっかり自分の気持ちを感じてみよう。自分に素直になることが大切だ。

人生をよりよくすると考えると、テーマが壮大で難しいことのように感じて躊《ちゅう》躇《ちょ》してしまう。しかし、これは要するに納得いっていないことをゼロに近づけることが、人生をよりよくするということだ。もっと言うと、身の回りにある1つひとつを自分で考え、自分の意思で選ぶということだ。

何が納得いくもので何がそうではないのかは、時間の流れや環境の変化と共に変わっていく。だから、定期的に見直してみることをオススメする。

Q どうなると最高だろう?

先の質問で見つかった「納得できていないこと」は、どうなったら最高だろうか。「心から納得できる」という状態も一緒に考えよう。ここで大切なポイントは「最高」だ。「できる、できない」を考えると思考の枠が狭くなるし、「できない」とやる前から諦めてしまうのはもったいない。実際は「できない」のではなくて「できないと思っている」にすぎないからだ。まずは、「できる」「できない」を考えず純粋に「こうなったら最高だ!」をイメージしてみるといい。その後、どうすればそうなれるかを考えていくのだ。

愛の選択をしよう

どんな人も毎日、たくさんの選択をして生きている。その選択の積み重ねが、「今」をつくっているので、現実を変えたいのなら「選択」を変える必要がある。同じものを選んでいたのでは、同じ現実になって当然だ。何を変えればいいかと言うと、「これはよい、これはよくない」という「選ぶ基準」だ。あなたには、2つの選択基準がある。それを紹介したい。

1つは「怖れの選択」と言われるものだ。怖れの選択とは、「○○するべき」とか「○○しなくては」というもの。たとえば「社会人はこうあるべきだ」「仕事をしなくてはいけない」といったようなものだ。

この選択をすると、心はどんどん疲れ、ストレスでいっぱいになるだろう。なぜなら、本音と違うことを選ぶことになるからだ。本当はやりたくないことをしなくてはいけなくなったり、本当はそうは思わないのに、気持ちをごまかすことになり、心が疲れてしまうのも当然だ。

もう1つは「愛の選択」だ。「愛の選択」とは「○○したい」というもの。

「社会人としてこうありたい」「仕事をしたい」のように、自分の心から湧き出てくる想いだ。たとえば「仕事をする」という行動でも、怖れの選択から「仕事をしなくてはいけない」と思ってやるのと、愛の選択から「仕事をしたい」と思うのとでは、同じ行動でも結果は自然と変わってくる。毎日の中で、できるだけ多くの「愛の選択」をしていこう。

しかし、やってみるとわかるが、「愛の選択」をすることは意外に難しい。日々、どうしてもやらなくてはならないこともあるからだ。たとえば、「起業したいけど、自分で営業するのはイヤだ」というように、やりたいことを選択するために、やらないといけないことがついてくる。そのときには、やりたくないことは他人に任せてしまう、もしくは「どうすれば楽しくできるだろう」とやり方を考えてみるかのどちらかを取ればいい。

また、意外に多いのが、愛の選択をしようと思っても、「何がしたいのかがわからない」という状態だ。これまでずっと怖れの選択の中で生きてきたのに急に愛の選択をするように言われても、何が愛の選択なのかがわからない。これにはリハビリが必要だ。答えがわからないのではない。心の奥底では、何が愛の選択なのかはわかっているけれど、蓋がされているのだ。この本を活用してたくさん自問して、自分の気持ちと対話できるようになろう。

自分に「いいね！」をするためにも、心から納得できる毎日を過ごすためにも、怖れの選択を手放して、愛の選択をしていこう。

02

今、何を感じているだろう？

どうして自分の気持ちを素直に伝えられないのか？

あなたは「今、何を感じている？」と聞かれて、すぐに答えられるだろうか。暑さや寒さ、お腹がすいたなどは、わかりやすく感じることができる。しかし、「今、どんな気持ち？」とか、「最近、どんなことでワクワクした？」「なんでもできるとしたら、何ができると最高に楽しい？」などと聞かれると、途端に難しく感じるのではないだろうか。

なぜ答えられないのか。その理由を考えたい。

1つは、自分を押し殺してきたということがある。小学生の頃から僕たちは集団行動をしている。「それをしなくてはいけない」という時間をたくさん過ごしてきた中で、自分の気持ちは次第に優先されなくなっていく。また、「みんなに迷惑をかけてはいけない」という気持ちから、自分の気持ちがいつの間にか、なおざりになってきたのだろう。

働くようになっても同じだ。会社は働く人の気持ちに関係なく、時間で管理されている。やる気があろうがなかろうが、楽しい気持ちだろうが落ち込んでいようが、どんな状態にあっても仕事に行かなくてはいけない。

それに自分がどう感じるかよりも会社の方針、上司の考え、顧客の気持ちなどが優先されることが多い。そんな中で自分の気持ちになんとか折り合いをつけて周囲に合わせることが大人であると自分に言い聞かせては感情に蓋をし、どんどん自分の気持ちを独りぼっちにしてきた。だから急に「今の気持ち」を聞かれても答えられない。これまでさんざん独りぼっちにしてきたのに、急に話しかけても話をしてくれなくても当然だろう。あなたの本当の気持ちはかまってもらえなくて拗《す》ねているのだ。

イヤなことはイヤだと言えば、みんな幸せ

自分の気持ちに素直になると、社会では本当に生きていけないのだろうか？　たしかに、学校という多数の人間が同じ時間と空間で同じことをしなくてはならない組織では、個々のことなど考えていられないという面もある。

しかし、大人になった今、それは単に小さなときに植え付けられた習慣をただ引きずっているだけなのかもしれない。イヤなことを素直に「イヤだ」と言ったら、何が起こるだろうか。仕事を回してもらえなくなる？　みんなから嫌われて独りぼっちになる？　どのような問題が起こるのか、一緒に考えてみよう。

まずは、仕事だが、イヤなことを引き受けたとしたら、どんな結果になるだろうか。せいぜい、なんとか合格というレベルにはなっても、目を見張るような素晴らしい成果にはならないだろう。それでは仕事で評価はされない。

また、イヤなことをやるのでストレスも溜まる。会社側にしても同じ仕事を頼むなら、イキイキと成果を出してくれる人にお願いしたいはずだ。

あなたにとっても会社側にとっても、イヤイヤ仕事をされるよりも楽しく仕事を

してもらうほうがいい。それは楽をするためではなく、自分が持っている能力ややる気を惜しみなく発揮するためだ。それにその仕事に対しても失礼だ。イヤなものは「イヤだ」と言ったほうがいいし、「イヤだ」と言える自分をつくっていくことも大切だ。

次に人間関係も考えてみよう。こちらもとってもシンプルな話だが、イヤなことを隠して付き合ってくれる人と仲よくなりたいだろうか。僕だったら本音を言い合える関係を築いていきたいと思う。自分の気持ちを抑えると、その場では表面的にはうまくいっているように見えるかもしれない。しかし、あとで「本当はイヤだった」と聞かされたら、気持ちが沈んでしまう。本音を言わない建前だけの人とは、深い付き合いはできないだろう。

もちろん大人同士なので、譲り合ったり、摺《す》り合わせをすることは大切だ。全員が全員、自分の気持ちだけを押し通していたのでは、組織は成り立たない。人の気持ちを考えず自己中心的に振る舞おうということでないので、そこは誤解しないでほしい。

僕が言いたいのは、**自分はこんな気持ちであると素直に表明することが大切**

だということだ。それをごまかすと、あなたにとっても周りにとってもよいことにはならない。お互いが自分の気持ちを伝え合い、折り合えるところを探していけばいい。本音がわからなければ、折り合いもつけることができない。

こうして書いてみると「イヤなことはイヤだ」と素直に言うことが当たり前すぎて、わざわざページを割くほどのことでもない気もする。しかし、イヤだと言えないことが原因で自ら命を絶《た》つ人もいるので、これは深刻な問題だ。

はっきりしているのは、イヤなことは「イヤだ」と言うほうが、自分だけでなく、会社や組織など周囲にとってもいいということだ。もし、それを理解してくれない人がいるなら、すぐにこの本をプレゼントしてほしい。きっとその人もイヤなことを「イヤだ」と言えない環境の中で育ってきたのだ。ぜひ助けてあげてほしい。

ネガティブで何が悪い？

あなたは、ムリにポジティブでいようとしていないだろうか。もともと「いつも前向きで、いつも元気!!」という性格なら、何も言うことはない。とてもいいことなので、どうかそのままでいてほしい。

しかし、どんな人でもネガティブな気持ちになることもあるだろう。怒ることも悲しくなることも、イライラすることだってあるはずだ。そんな気持ちを「ダメだ、ポジティブでいなきゃいけない」「元気でいなくては……」「イライラしちゃいけない……」と封じ込めてはいないだろうか。

たしかにネガティブよりもポジティブなほうがいいだろう。質問01でお話ししたように、幸せとは量や質ではなくて、どちらを見ているかという視点の話でしかない。

テレビ番組では、お笑い芸人が身の周りにあったおもしろいエピソードなどを語っているが、彼らだけにおもしろい出来事が起こっているわけではない。「おもしろいことはないだろうか？」というアンテナを常に張っているから、僕たちが見落とすようなおもしろいこともちゃんと見つけられるのだ。

幸せも同じだ。幸せな人は幸せを探すのが得意で、不幸な人は不幸を探すのが得意なだけだ。そう考えると、ネガティブよりもポジティブでいるほうが、より多くの幸せを感じることができるわけだが、これは訓練すればできるようになる。

ここで大切な話は「ネガティブだって役に立つ」ということだ。そもそも感情にはいいも悪いもないいし、両方あって自然なのだから、片方だけを毛嫌いするほうが不自然だ。

たとえば、もしネガティブな感情がゼロだったとしたらどうなるだろう。僕はとても危ないと思う。危険を顧《かえりみ》たり、リスクを考えることなく突っ込んでしまい、玉砕《ぎょくさい》することも多くなるだろう。しかし、そこでネガティブに「もしかすると……」と起こりそうな失敗を事前に想像できるなら、よりよい手を打つことができる。

思いやりがある人とは、「もしかすると……」をちゃんと想像できる人であると僕は思う。たとえば、海外旅行に行く準備をしているときに「もしかすると……」と考え、ちゃんと準備ができる人だ。隣にいる人が寒そうにしているのに、「大丈夫！ なんとかなるよ！」とポジティブに考えても、寒いものは寒い。頭を抱えるほど悩んでいる人がいるとして「なんとかなるよ！」と声をかけても、現実は何も変わらない。「もしかすると……」と、ネガティブな面にも想像力を働かせることで共感できる部分も生まれてくるし、具体的に有効な手も打てるだろう。

また、悲しむことも悪くない。悲しいものは悲しい。だから、ちゃんと悲しんだほうがいい。中途半端にしているから、ずっと引きずってしまうことになる。フラれると、とことん泣く女性は多い。だから翌日にはあっさりと、次の恋に目を向けている。しかし、男性はなかなか泣かない。悲しみを抑え込もうとするから、いつまでも引きずることになる。悲しいときは悲しめばいい。

僕は父を亡くしてから、家族と一緒にいることの喜びをより強く感じられるようになった。大きな悲しみをくぐり抜けたから、より大きな喜びを見つけることができたのだ。

ごはんを食べられることが当たり前になると、より豪華な食事でなければ幸せを感じづらくなる。幸せ不感症だ。しかし、入院などで食べられない時間を経験すると、シンプルな食事すらおいしく感じられ、感謝の気持ちも湧いてくる。

光の中にいると、そこに光があることに気づくことは難しい。しかし、そこに影があると光があることに気づけるし、感謝も生まれる。ネガティブな感情がなければ、そこにある些細な幸せにすら気づけないかもしれず、より大きな幸せを手にすることもできないかもしれない。

積極的にネガティブな気持ちになる必要はないが、毛嫌いして避けることもない。不自然なことは、必ずどこかでバランスが崩れてしまうからだ。感情を封じ込めたり、逃げるのではなく、自分のそのままの気持ちを抱きしめてあげよう。

自分の感情と上手に付き合おう

すでにお話ししてきたように、ネガティブな気持ちもとっても大切だ。イヤなものはイヤでいいし、悲しいときには悲しめばいい。ツライときにはツライと言えばいい。そこに良し悪しの判断をせずに、そのままを受け止めればいい。そのように自分の気持ちに素直に生きられるようになるために、やってほしいことが2つある。

1つ目は、素直に感じることだ。ことあるごとに「私は今、何を感じているのだろう？」と自分に問いかけてみよう。

たとえば、ご飯を食べるときには他のことを考えずに、どんな味がするかをしっかり味わってみるのもいいだろう。お米が口の中でどんな動きをするのか、何回くらい噛《か》んでいるのか。または、どんな香りがするのか、どんな感触がするのか、じつくり味わってみるのだ。

音を感じてみるのもいいかもしれない。ちょっと目を閉じて耳を澄ましてみれば、意識していなかった音がたくさん聞こえてくる。車が走る音、風の音、誰かの話し声、いろいろな音があることに気づくだろう。時々、そんなことを楽しんでみるといい。「感じる」を取り戻すことができる。

そしてさらに、自分の感情にも素直になってみよう。嬉しい、楽しい、悲しい、イヤだなどを素直に感じてみるのだ。できれば、その場で感じられるようになるのが一番いいのだが、まずは日記をつけることをオススメする。毎日、「今日、どのシーンで、何を感じたのか」と、自分の心が動いたシーンを思い出して、「このときにこう感じた」と書いてみる。これは簡単でいい。

紙の日記帳でもスマホのメモ機能でもいいので、思い出して書いてみることが大切だ。これを1カ月も続けると、自分がどんなときに心が動くのかがわかるようになり、自分と付き合うのが楽になっていく。ぜひ、やってみてほしい。

自分の気持ちに素直になるコツの2つ目は、「素直に表現する」だ。嬉しいなら嬉しい。イヤならイヤ。悲しいなら悲しい。「今、私はこう思っているよ」と自分が感じている感情を素直に相手に伝えてみよう。やってみるとわかるが、怖れているようなことは起こらない。自分の気持ちを大切にすればするほど、周りの人もあなたの気持ちを尊重してくれるようになるだけだ。

ここで、とても大切なコツがある。それは、あなたも周りの人の気持ちを同じように大切にしてあげることだ。自分の気持ちだけを大切にするのであれば、周りの人からは自己中心的だと批難されてしまう。しかし、周囲の人の気持ちも同じように大切にすることができれば、あなたは「気持ちのいい人」になることができる。**大切なことはジャッジをしないことだ。**

たとえば、あなたは嬉しい気持ちになったが、隣の人は悲しい気持ちになったとしよう。実際にはよくあることだ。そんなとき、「なんで悲しいの？　こんなに嬉しいのに！」となりがちだが、これは相手の気持ちを尊重していない。相手は悲しいのだから、相手にとっては「悲しい」が正解だ。自分が嬉しいという気持ちを大切にしたいように、相手は悲しいという気持ちを大切にしたいのだ。あなたの価値観で物事をジャッジして自分の正解を押し付けずに、相手を尊重しよう。

ここまで僕の話を読んで、自分の気持ちに素直になることで会社をクビになったり、人に嫌われたりしないかな……と心配している人もいるかもしれない。

しかし、本当によく考えてみてほしい。自分をごまかしてまでなくしてはいけないものは、本当にあるのだろうか。「いい会社に入ったから……」「いい友達ができたから……」「いい立場にいるから……」などのように、「せっかく……」とか「もったいない」という気持ちや、支えてくれている人に申し訳ないという気持ちで、なくすのが怖いということもあるだろう。

しかし、何度もしつこいようだが、もう一度言う。あなたの人生はあなたのものだ。僕自身のさまざまな経験からはっきりと言えることは、人生はいつでも、どんなところからでも、上を向いてやり直すことができる。何も心配することはない。道を外れても、またそこに新しい道ができるだけだ。そしてあなた次第で、その新しい道はよりよい道にすることができる。

失うことは怖いかもしれないが、なくなっていくものは、もうあなたには必要ないものなのだ。あなたに大切なものは、自分らしく生きたところでなくなりはしない。なくなるということは、なくなってもいいものなのだ。勇気をもって、自分を幸せにすることを始めていこう。それはあなたにしかできない。

一緒に答えたい質問

Q どんなときに「幸せだなー」と感じるだろう?

人生は「幸せだ」と感じられる時間が多ければ多いほどいい。そのためには、仕事やプライベートでも、自分がどんなときに幸せを感じるかを知っておくことが大切だ。それがわかっていれば、そのシーンを自分で増やしていくことができる。とってもシンプルな話だ。

逆に悲しいなど、ネガティブな感情が動くときも書き出して知っておくと、避けることができる。ネガティブも悪くないと書いたが、できれば少ないほうがいいに決まっている。避けたって、どうせやってくるのだから、そのときに蓋をしたり、逃げたりしなければいいのであり、自らネガティブを求めようという話ではない。

Q どんなときに、気持ちが上がるだろう？　どんなときに下がるだろう？

同じように、どんなときに自分の気持ちが上がり、どんなときに下がるかもわかっていれば、自分のやる気をコントロールすることができる。**大切なことは、テンションとモチベーションは違うということだ。**

テンションとは「張る」という意味。糸の両端をもってピンと張る感じ。糸の中心はピンと張ることで高い位置に移動するが、同時にピンと張ると切れやすくなる。テンションが高い状態は続かないのだ。

僕は、糸はダラッとした状態がいいと思う。そのままの状態で手を上げれば、糸を張らなくても糸の中心を高くすることはできる。好きなことをするとはこういうことだ。ピンと張らないとやる気にならないようなことはやらないことだ。「チカラは抜くけど、手は抜かない」という状態が、結局は一番うまくいく。

Q どんなときに、嫉妬してしまう？

誰にでも嫉妬することはあるだろう。そんなときは決して、その気持ちを抑え込んではいけない。「しめしめ」と思おう。**嫉妬するということは、自分もそうなりたいと思っている可能性が非常に高い。自分も欲しているということだ。**しかも、そろそろ手が届きそうなものや本当に欲しているものほど、強い嫉妬を抱く。

たとえば誰かが結婚したとか、昇進したとか聞いて嫉妬するのは、自分がそうなりたいからだ。自分がどんなときに嫉妬するかを見ていくと、自分が本当に欲しているものに気づくことができる。それが普段はほとんど意識していないものだったりするから、人っておもしろい。

ぜひ嫉妬を通して、自分の本音に気づいてほしい。そこで気づいたことを否定してはいけない。本当は欲しいのだから、素直に欲しいと言おう。

飲み込まれない

ネガティブな気持ちを感じているのは自分なのだから、ごまかすことなく素直に感じてみようという話をしてきたが、最後にとても大切な話をしたい。それはネガティブな感情もポジティブな感情も、その感情に飲み込まれてしまってはいけないということだ。「感じる」と「飲み込まれる」は違う。

怒りの感情に飲み込まれてしまうと、勢いで誤って人を殺《あや》めることもあり、落ち着いてから後悔することになる。悲しみも飲み込まれてしまうと身動きが取れなくなってしまうのだ。

飲み込まれないためには、その感情を感じている自分を客観的に感じることだ。怒っている自分を少し高いところから客観的に見つめているイメージを持つといい。その客観的に見つめている自分が、本当の自分だ。それが意識できると、「あぁ、今、怒っているな」「あぁ、今、悲しいんだな」と冷静に受け止めることができる。**感情は受け止めることは大切だが、飲み込まれてはいけない。それはポジティブな感情についても同じだ。**

03

やめたいことや、捨てたいことは何だろう？

「やめたいこと」を思い浮かべると未来が変わる

今、あなたがやめたいことや捨てたいことは何だろう？　それはモノかもしれないし、考え方やコンプレックス、トラウマや習慣、または人間関係かもしれない。

ここでは「やめる」「捨てる」を考えたいのだが、それを考えたほうがいい理由を、まずは紹介したい。

1つ目の理由は、あなたの未来も性格も、すべては自由につくることができるからだ。今のあなたは「何をよしとして選んできたか」というこれまでの選択の積み重ねでできていて、これからの自分も何を選択するかでできていく。選択するものを変えれば、未来も変わっていくのだ。

性格も同じだ。自分を「おとなしい」と思っている人は、今までの人生の中で自分よりも元気な人と出会い、「おとなしいね」と言われ続けた結果、そう思い込んでいるだけだ。だから自分よりもおとなしい人と付き合えば、「私は元気な人」と思うだろう。性格とはその程度のものであり、思い込みでしかない。

未来も性格も自由なのだから、過去にとらわれることも引きずる必要もない。未来の自分にふさわしくないものは、どんどん捨てればいいのだ。

２つ目の理由は、「やめる」を考えると、「欲しい」が見えてくるからだ。

「どんな人になりたい？」「どんな夢を叶えたい？」と質問すると、「特にありません」という答えが返ってくることも多い。本当は「ない」のではなくて、気づいていないだけなのだが、本人は「ない」と思っている。

そんなときには「何をやめたい？」と聞いてみる。そうすると「おとなしい性格をやめたい」とか、「人に指図されて働くのをやめたい」などの答えが出てくることが多い。

「おとなしい性格をやめたい」という気持ちに気づければ、「友達とワイワイと盛り上がれるようになりたい！」という理想も見つかる。また、「人に指図されて働くのをやめたい」なら、「起業したい！」という夢も見つかるだろう。

このようにやめたいことの裏返しとして、叶えたいことも見つかっていく。

叶えたいことに自分で気づいていない人でも、やめたいことはたくさん挙げられたりするものだ。

未来をつくっていくときに「動機」はとても大切だ。しかし、テレビ番組でハワイに住んでいる人を見て、「いいな、私もハワイに住みたいな」と、なんとなくいいなと思うくらいでは、おそらく叶わない。「人ごみの中でストレスを溜めて生きるのはイヤだ。ロボットのように心をなくして生きるのはイヤだ。だからハワイで、のんびり暮らしたい」などのように、自分の心の中から湧き上がってくる動機があると、その夢は叶えやすい。

人は喜びを得たいという気持ちよりも、痛みや悲しみから逃れたいという気持ちのほうが強いからだ。「欲しい」よりも「イヤだ」を考えるほうが「なんとしても叶えたい！」という強い気持ちを持つことができる。だからこそ、「やめたいこと」から「やりたいこと」を見つけることは効果的なのだ。

捨てると、スキマに新しいことが入ってくる

もう1つ、やめることを考えたほうがいい理由がある。多くの人が現状を変えたいと考えるときに「何を始めるか」を考えがちだが、ほとんどは三日坊主で終わってしまうことになる。なぜなら、「それ以上、持てないから」だ。

あなたは両手にモノを持っているとイメージしてほしい。腋《わき》の下や股にも挟み、頭の上にも乗せ、口にくわえながら首からもぶら下げているという、これ以上、モノを持つことができない状態だ。そんな状態の中で「素敵なモノをあげるよ！」と言われても、欲しくても受け取ることはできないだろう。

まずは、いらないものを捨てること。捨てると余白ができ、受け取ることができる。受け取ってから捨てるのでなく、捨てるから受け取れるのだ。まずは捨てることだ。

時間も同じだ。ダイエットを始めようとジムに通おうとしても、なかなか時間が取れずに続かなかったりする。まずは、何かをやめて時間をあけるといい。人の心

は空白を嫌うから、空白ができると自然と埋めようとする。「何かを始めよう！」「何かを手にしよう！」と意気込まなくても、いらないものを捨てるだけで、自然とそこには新しいものが入ってくるのだ。始める前にやめよう。

まずは、やめたいことや捨てたいものなどを一気に書き出してみてほしい。コツは、できるかできないかを考えないことだ。

「何でも叶うとしたら何を捨てたいか、何をやめたいか」を書き出そう。大きく立派なことを書き出そうとしなくていい。些細なことが人生をつくっている。次のようにどんな些細なことでもいいので、少しでも違和感を覚えるものを全部書き出してみよう。

- プライベートでやめたいこと
- 友達や家族、恋人などの人間関係の中でやめたいこと
- 仕事の中でやめたいこと
- 性格的にやめたいこと
- 習慣やクセの中でやめたいこと

・考え方としてやめたいこと
・コンプレックスやトラウマみたいなもの
・お金や時間の使い方としてやめたいこと

中には積極的に「やめたいこと」や「捨てたいもの」が見つからない人もいるかもしれない。僕自身、まだ使えるかなとか、いつか役に立つかも……と、使い古した下着やもう読まない本なども捨てられないほうだ。

そんなときには、「なくても困らないものは何だろう？」と考えてみるといい。なくなると困るものは、実はそんなに多くないことに気づくだろう。いらないものをたくさん持っているよりも、本当に大切なものを大切にするほうが豊かだ。

「本当にそうなの？」と疑ってみる

やめたいことを書き出したら、次はそれを見直してみよう。ここで人生に変化をもたらす、大切なコツがある。それは「何を捨てて、何を大切にするか」という基準、つまり選ぶものを変えることだ。これまでと同じものを捨て、同じものを大切にしていたのでは、人生は何も変わらない。

すでにお話ししたように、価値観のほとんどは親や先生や社会などの影響でつくられている。人生は自分で選択したものでできているのだが、良し悪しなど価値観は周囲から与えられたものである可能性が高く、1つひとつを考えることなくなんとなくそう思い込んでいることが多い。

「あの人は、自分を持っている」と人を評価することがあるが、この「自分を持っている」という状態が、いろいろな物事、自分で考え直しているということだ。僕たちも迷いのない状態になるために自分をつくっている価値観を自分の手で見直していこう。

そのためにできることが2つある。1つは「本当にそうなの?」と自分に問いかけることだ。何かを考えるとき、何かを決断するときに「本当に、そうだろうか?」と自問すると、一度立ち止まることができる。一度客観的に考えてみると本当はいらないものがたくさんあることにも、本当は別に大切なものがあることにも気づけると思う。自分が当たり前に思っていることこそ「本当に?」と問いかけ見直してみよう。

そしてもう1つは、質問01「今の自分に「いいね！」できるだろうか？」でもお伝えした「愛の選択」だ。「○○すべき」とか「○○しなくては」という怖れの選択をしていないだろうか。心から「○○したい」と思える愛の選択ができているかを基準に、何を捨てて何を大切にするかを感じてみよう。

この「本当にそうなの？」と「愛の選択」の意識をもって、今書いた「捨てたいものリスト」を見直してみてほしい。捨てたいものは変わってくるだろう。そして、本当に捨てたいものが見えてきたら、遠慮なくどんどん捨てていこう。

どうやって、捨てていく？

物であればゴミの日に出してしまえばいい。しかし、考え方やクセや習慣などは、なかなか捨てられない。「やめたくてもやめられない」という壁にぶつかったときの方法は2つある。

1つ目は、「思い込みを変える」だ。たとえば、「年収300万円」をやめたくても、年収300万円が自分にふさわしいと思っていたら、いつまでもやめられない。どれだけ努力をしても、きっとそこに戻ってくる。しかし、年収1000万円がふさわしいと思い込むことができれば、自然とそうなっていく。嘘のような話だが、本当だ。僕自身がそうだった。

時々、年収数億円の人が事業に失敗して無一文になるケースがある。おもしろいもので、そういう人はまたあっと言う間に年収数億円に戻ってくる。それは年収数億円が自分にふさわしいと信じてやまないからだ。もっと具体的に言うと、年収300万円がふさわしいと思っているときと、年収数億円がふさわしいと思っているときでは、考えていることや判断、行動も変わる。だから自然と結果も変わるのだ。

それはタバコやダイエットも同じだ。行動も大切だが、まずはどちらが自分にふさわしいと感じるかが大切だ。

そのためには、まずは本気で捨てたいという気持ちになろう。そして捨てた後の自分を演じ続けるといい。いつの間にかそうなっているはずだ。僕は、かつて毎日晩酌していたのに、お酒を飲めない人を5年間ほど演じ続けた結果、本当に飲めなくなってしまった。ちなみに同じ方法でタバコもやめた。

そして、**もう1つの「やめる方法」は「やめない」だ。**何を言ってるの？と思うかもしれないが、マジメな話だから聞いてほしい。

たとえば、仕事がイヤだからやめたいとする。そのときに、仕事をやめて別の仕事を探すという方法もあるが、これは意外に問題の根が深い。

実際に経験した人に聞いてみるといいが、仕事がイヤでやめた人の多くは、新しい職場でも同じことで悩むことになる。恋愛も同じだ。パートナーとの間で何か問題があって別れたとしよう。その人は新しい人と付き合いを始めても、きっと同じ問題に悩むことになる。

これは問題が「あなた」にあるからだ。「イヤな仕事」や「イヤな人間関係」があるのではなく、「イヤだと思っているあなた」がいるだけなのだ。その「イヤだと思う」を変えない限り、相手や環境を変えても同じことを繰り返すだけである。

僕は20代半ば、バックパッカーだった。約1年半かけて世界を放浪したときのことだが、とある国をバスで移動していたら、砂漠のど真ん中でバスが故障してしまった。

運転手さんががんばって直そうとするものの、直りそうな気配はない。電話で替わりのバスが来ることになったのだが、どう考えても3時間くらいはかかる。お店もない、トイレもない、エアコンも効かない、そんな状態で3時間ほど待つことになった。こうなるとおもしろいもので、乗客は2つのタイプに分かれる。

1つのグループは、ずっと文句を言っている人たちだ。どれだけ運転手を責めたところで、3時間待つという現実は変わらないのに、イライラする気持ちを誰かにぶつけたいのだろう。

もう1つのグループは「仕方ないよね」と受け入れて、今できる最高の過ごし方を探し始めるグループだ。ある人たちは、砂漠の探検に出かけたり、ある人たちは、ダンボールのようなもので砂漠の斜面を滑り降りて遊び始めたり、がんばって故障を直そうとする人たちもいて、みんな楽しそうだ。

これを見たときに気づいたのは、バスが故障して3時間待たないといけないという現実は同じなのに、楽しめる人と楽しめない人がいることだ。これは仕事でも同じだ。「楽しい仕事」があるわけではなく、楽しめる人と楽しめない人がいるだけ。要するに、すべては「あなた」が決めているのだ。

つまり、今「楽しくないこと」があるのではなく、「楽しめないあなた」がいるだけだ。イヤなことをやめるのも1つの手だが、「どうすれば楽しめるか」を考えれるのもいい。

人生においては残念ながらイヤなことがゼロになることはない。相手や環境を変えても、どれだけ豊かになったとしてもずっと自分について回る。どうせ逃げ切れないのなら、あっさりと向き合ったほうがいい。どんなことでも楽しめるスイッチをもっておこう。

ワクワクスイッチを手に入れる

やりたくないことを、どうすれば楽しくできるようになるかを考えていこう。あなたは、どんなときに仕事に楽しさを感じるだろうか。

僕は事務作業が苦手だ。請求書を発行したり、ホテルや飛行機を予約することが苦痛で仕方ない。でも、やらないと仕事にならないので、「1時間以内に終わったら、ケーキを食べていい」というゲームにしたり、今までとは違うホテルを探すなど違いをつくってみたり、どうすればより早く請求書を発行できるかを考えてみたりすることで、「やりたくない」を「やりたい」に転換している。

僕の場合は、新しいやり方を発見したときや、これまでの思い込みが壊れるときや、ゲーム感覚で楽しめたりすると、とても楽しく取り組める。そこに「楽しいスイッチ」があるからだ。他にも「人に教えられるようなコツを見つけると楽しい」「ノリノリの音楽をかけると楽しくなる」、または「仲間と一緒に取り組むと楽しくできる」という人もいる。どんなときに自分がやりがいや楽しさを感じるかを見つけて、あなたも自分の「楽しいスイッチ」をつくってほしい。やらないといけないことも楽しくこなせるようになる。

? 一緒に答えたい質問

Q なぜ、大切にしているのだろう？

やめたいことや捨てたいことを書き出していくと、本当はやめたいのに、やめられないことが見つかったりする。そんなときには、この質問をするといい。

本当に大切にする理由があって大切にしているのか、なんとなく大切だと思っているのかが明確になる。ほとんどの場合、思い込みにすぎないことが多い。

Q 何を怖れているのだろう?

良し悪しは別として、人は変わることをとても怖れる生き物だ。何かを変えると安全ではなくなるかもしれず、本能として「変わる」ことを怖れる習性がある。だから、やめることも難しくなる。

そんなときには、「もしやめたとしたら、どうなるか」を想像してみよう。自分がやめるという決意をすることで、何を怖れているのかがわかる。多くの場合、「なんとなく」怖れていることが多い。しかし、面倒ではあるが、1つひとつをしっかり考えて、自分の気持ちにちゃんと向き合ってみよう。本当は怖れるほどのことではないこともたくさんある。

ムリだったら逃げればいい

僕は、物事はできるだけ逃げないほうがいいと思っている。すでにお話ししたように、自分の中にある問題はどこに逃げてもついて回るものだし、逃げずにちゃんと向き合うことで乗り越えられるものもあるからだ。うまくいかないたびに簡単にリセットボタンを押していたのでは、いつまでも乗り越えることができない。乗り越えた先にしか見えない景色もあるので、そこに何かしら得るものがあると感じるのなら、できるだけ逃げずに向き合うことをしてほしい。

しかし、だ。もうムリだと思うのであれば、さっさと逃げたほうがいい。周囲を気にしている場合ではない。自分の人生において、もっとも大切なものは「あなた」だ。そのあなたが傷つくようなことがあるならば、さっさと逃げたほうがいい。その場に居続けることのほうが危ない。

心配しなくても、人生はいつでもどんなところからでも、上を向いてやり直すことができるし、心地よくワクワクしながら成長することもできる。逃げて、また新しいところでチャレンジすればいいだけだ。逃げることは恥ずかしいことではないのだから、自分の身は自分で守ろう。

04

もし何でも叶うとしたら、何を叶えたいだろう？

夢に制限をつけない

03の質問で、やめたいことや捨てたいことがわかり、身も心もスッキリしたところで、次は「もし何でも叶うとしたら、何を叶えたいだろう？」という質問を通して、あなたの夢を見つけていきたい。**大切なポイントは「何でも」だ。**

多くの人が大人になるにつれて、折り合い上手になっていく。「私の才能と環境だったら、まあ、この辺りが妥当だな」と人生に折り合いをつけ、余計なチャレンジをすることで苦しまなくてもいいように妥協をし始める。大人になればなるほど、世界を知れば知るほど、自分の小ささのようなものに気づいてしまい、描ける夢が少なくなることもある。「もうこの年だし……」「そんな才能もなさそうだし……」「こんな田舎に住んでるし……」「お金もないし……」と、どんどん現実的な夢を描きがちだ。

それで人生が満足であれば、僕が言うことは何もない。しかし、そんな毎日に満足できず、ちょっと飽きているか、未来の自分にソワソワしているからこの本を手にとっているのではないだろうか。それなら一度、枠を壊して、最高の夢を描いてみてほしい。

叶えたい夢を書き出してみよう

実際に「何でも叶うなら何を叶えたいだろう？」の答えをノートに書き出そう。アラジンがやってきて魔法のランプで願い事を叶えてくれるイメージだ。しかも３個だけなんてケチケチせずにできれば３００個、最低でも１００個は書いてほしい。

ワクワクを素直に感じながら、「欲しい」「やりたい」「なりたい」を意識して書き出してみよう。

たとえば、「欲しい」とは、こんな車が欲しいとか、こんな家族が欲しいなどだ。「やりたい」は、家族で世界一周したいとか、フランスで本場のフランスパンを食べたい！　とか。「なりたい」は、歌手になりたいとか、こんな体型になりたいとか優しくなりたいとかだ。

たくさん書くコツはより細かく具体的にすることだ。「フランスに行きたい」ではなく、「フランスでフランスパンを食べたい」「フランスで凱旋門を見てみたい」「フランスでフランス料理のフルコースを堪能したい」のように細かく考えると、たくさん出てくる。ぜひ、３００個以上を目指してほしい。

できるかどうかより、やりたいかどうか

書き出したリストをながめてみて何を感じるだろう。できそうなことも、どうすれば叶うかがわからないこともあるだろう。そうなると、ついできることの中から夢を選びがちだ。そのほうが安全だからだ。でも、それだと成長も変化も起こらない。昨日の自分ができないことを夢に描いてこそ、変化や成長が起きる。そう言う

と難しそうに聞こえるが、とても簡単なことだ。

子供の頃はすべてが「やったことないこと」だったけれど、その１つひとつをやって大人になってきた。だからどんな人でも「やったことないこと」をやることには慣れているのだ。

もしかすると「できるかどうか」を気にしているうちは、本当にやりたいことではないのかもしれない。本当にやりたいことであれば、まず「やりたい！」となり、その後に「で、どうすればいい？」となるだろう。

ワクワク感があれば、ほとんどのことは乗り越えていける。だからこそ、できることの中から選ぶのではなく、やりたいことを先に決め、どうするかは後から考えればいいのだ。

僕自身、「できるかどうか」ではなく、「やりたい！」から「やる」を大切にしてきた。20代半ばでバックパッカーをしていたときも旅の情報は何も持っていなかったし、バックパッカーとしての基本的なことを何も知らなかった。どうしても世界を自分の目で見てみたかったから、大した荷物も持たずに飛行機に飛び乗った。

世界を放浪して帰国後、起業した。実はそのときも「やりたい」だけだった。今思えば恥ずかしい話なのだが、デザイン会社に勤めたこともなければ、専門の学校に通ったこともないのに、デザイン会社を経営したいと思ったのだ。デザイン用のパソコンソフトがあることさえも知らなかった。僕の中にあったのは「やりたい」という気持ちだけ。まずは起業をして、そこから「どうすればいいか」を考え、足りないものを補っていった。

このやり方が正しいかと聞かれれば、絶対的に正しいとは言えないだろう。旅に出たときも起業したときも「できそうだと思ったか」と聞かれたら、僕の答えは「わからない」だ。しかし「やりたい」というワクワク感はいっぱいだった。

そして「できる」という確信が持てるものは、もうやらないことにしている。簡単にクリアできるゲームに楽しさを感じないのと同じで、できると思うものをやったところで楽しくないからだ。あなたも「できる」からではなく、「やりたい」に素直になって飛び込んでほしい。

もし、お金に困らないとしたら、何をする？

やりたいことを考えるとき、常について回るのがお金の問題だ。「もしお金に困らないとしたら、何をして生きていく？」と質問すると、今の生活とは違うことを言う人が多い。「本当は○○をしてみたいけど、生活できそうにないからこの仕事をしている」という人や「老後になったら……」と言う人もいる。ということはお金を怖れて、理想を生きることを諦めてしまっているのだ。

しかし、本当にそれでいいのだろうか？　なぜ今すぐ、その理想の暮らしをしないのかを自分にしっかりと問いかけたほうがいい。やりたいことをやっていたのでは、本当に生活できないのだろうか？　ちゃんと考えたほうがいい。

ここで僕が考える、今すぐ理想の生活にシフトしない理由をいくつか紹介する。

まず1つ目は「ワクワクが足りていない」だ。すべてを投げ出してでも欲しい！　と思えるほどワクワクする未来や夢をもっていないのだ。あるいはワクワクしないように蓋をしているのかもしれない。いずれにしろ、気持ちが高まっていないということがある。

2つ目の理由は「よくわからない」だ。知らないものは具体的にイメージできない。たとえば起業後を具体的にイメージできたら、起業する人はもっと多いのではないかと思う。結婚も同じで結婚後の姿が見えれば、躊躇する理由はない。
僕は時々「カバン持ち」を募集している。これからコンサルタントや講師、作家として活動していきたいと思っている人に、隣で僕の1日を疑似体験してもらうのだ。1日が終わったときに、目を輝かせて「やっぱり同じ仕事を目指します！」という人もいれば、「こんなに大変だとは思わなかった。もう一度考え直してみる」という人もいる。いずれにしろ、より具体的になったことで一歩先に進んでいる。何かをしたいのであれば、頭の中で想像するだけでなく、実際に体験してみるほうが話が早い。

3つ目は、「お金のつくり方を知らない」だ。イヤイヤ仕事をするのと楽しく仕事をするのとでは、その成果は違って当たり前だ。よく社内研修や本などで「社員のやる気を高めるコツ」みたいな話があるが、僕は、そもそもやる気を高めようなんて話にムリがあると思っている。どうやっても興味がないものはないし、やる気を感じないものは感じない。それをムリに高めようとしても限界がある。だからやる気があることだけをすればいいし、やる気がある人だけ会社に入ればいいだけの話だ。

そう考えると、お金になりそうなことの中から、やりたいことを選ぶのではなく、とことんやりたいことを、どうお金に換えていくかを考えたほうがいい。その手段を知らないだけだ。

実際に僕自身も、お金にならなくてもやりたいと思えることを仕事にしているから、毎日は幸せで仕方ない。僕の周りにも、古いロックが大好きでそれが聴けるバーをやっている人、ホームパーティーが大好きでホームパーティーの開き方を教えている人、プラモデルをつくるのが大好きで、不器用な人の代わりにつくることを仕事にしている人、旅好きが高じて旅行会社や雑誌やテレビなどのメディアに情報を提供して生活している人などがいる。みんな好きなことをやってお金を稼いでいる。

もちろん、起業家だけでなく、サラリーマンとして本当にやりたいことを仕事にしている人もたくさんいる。ぜひ、あなたもお金をもらえなくてもやりたいと思えることを仕事にしてほしい（その具体的な方法は、後の質問で紹介するので、ここでは割愛する）。

ここで「お金をもらえなくても、やりたいことは何？」と聞かれてもピンとこない人は、次のいくつかの質問に順に答えてほしい。もちろん答えは何でもオッケーだ。思いつく限り、最高の答えを考えてほしい。

質問1▼ もし2日間の時間と十分なお金があったら、何をして過ごしますか？

質問2▼ もし2週間の時間と十分なお金があったら、何をして過ごしますか？

質問3▼ もし2カ月間の時間と十分なお金があったら、何をして過ごしますか？

質問4▼ もし2年間の時間と十分なお金があったら、何をして過ごしますか？

質問5▼もし20年間の時間と十分なお金があったら、何をして過ごしますか？

この質問を多くの人にしてきたのだが、いくつかの共通点がある。まず、2日間～2カ月間くらいまでは現実逃避を考えがちだ。多くの場合、「旅行に行く」と答える。そして2年、20年となるにつれ、本当にやりたいことを考え始める。

もし質問5の答えが今の現実と変わらないならば、理想的な毎日を送れていることと思う。僕は7年かけて、そこにたどり着きつつある。もし、今の毎日と違うのであれば、どうすれば、その20年の答えの毎日に近づけるかを真剣に考えてほしい。人生は一度きりだ。

10年後、どうなっていたら最高だろう？

次は違う角度から、夢を見つけていこう。これまでは「今」から「未来」を考えてみた。今度は「未来」から「今」を考えていく。

たとえば、今日から毎日、奇跡的な出来事が起こるとする。少しでも望んだことは全部叶う本当に奇跡的な日々だ。そんな毎日が10年間も続いたとしたら、10年後はどうなっているだろうか。今思い描ける10年後よりももっとステキなものになっているだろう。できる限り大風呂敷を広げてこれ以上はないと思える完璧な10年後を考えてみてほしい。

次のようなことをできるだけ細かく具体的にイメージして、ノートに書き出そう。誰に見せる必要もないのだから遠慮はいらない。

・誰と、どんな毎日を過ごしているだろう?
・どんな街の、どんな家に住んでいるだろう?
・どんな仕事をしているだろう?
・どれくらいの収入があるだろう?
・お金や時間はどんな使い方をしているだろう?

想像するだけでワクワクする10年後が、描けただろうか。なぜ、未来から考えてみることも大切かというと、時間は、「未来から今に流れている」からだ。逆に過去から今に時間が流れている人もいるが、そういう人は、「これまで」を気にする。「小さなときはこんな子だった」「学生時代はこうだった」「昨日はこんな感じだったから、きっと明日も……」と、過去から未来を考え、今乗っているレールの先に未来を描く。企業で言えば、昨年対比で計画を立てるタイプだ。それも悪くはない。

しかし、もしかすると今乗っているレール上に最高の未来はなく、別にあるかもしれない。たとえば、東京駅から新幹線に乗って南を目指すとする。乗り換えても行けるギリギリは鹿児島だ。

ここで、東京駅で一度、「どこに行けたら最高だろう」と考えてみると、「沖縄」という答えが見つかるかもしれない。そうであれば新幹線ではなく、空港に向かったほうがいい。新幹線のレールの先に沖縄はない。

これと同じように理想の10年後をイメージできたのであれば、その10年後から逆算していくといい。10年後こうなるには5年後はこんな感じ、3年後はこんな感じ、来年の今頃にはこうなっていたいから、今月はこれをしようと逆算をしていく。今乗っているレールの先に描ける未来ではなく、最高の未来につながるレールに乗り換えるのだ。

理想の10年後にたどり着くための5年後、3年後、1年後も書き出してみよう。

そして今すべきことを積み重ねていくのだ。

本当に欲しいものは何だろう？

そして、もう1つ考えてみてほしいのは「手紙」だ。ここでも同様に最高の10年後をイメージしてほしい。

あなたは大切な人から手紙を受け取ったとしよう。そこにはあなたへの感謝の言葉がたくさん綴《つづ》ってある。読むだけで胸がいっぱいになり、涙が溢《あふ》れ出るような手紙だ。それは誰からの手紙で、どんなことが書いてあるか、こんな手紙を受け取ったら、嬉しすぎて最高だな！　と思える自分宛ての手紙をその人になりきって書いてほしい。できればきれいな便箋を用意して丁寧に書いてほしい。

実は未来を考える上では、これが一番大切だ。ここまで叶えたいことや理想の未来を考えてみたが、結局のところ、あなたが本当に欲しいものは「物」や「環境」

ではなく、そこで得られる「気持ち」なのだ。

たとえば、車が欲しいとしよう。なぜその車が欲しいかを考えてみると、「ずっと憧れていた」という所有欲や、「海沿いの道をドライブして爽快感を味わいたい」などの理由が挙がるだろう。それは車が欲しいのではなく、車を持つことで得られる気持ちが欲しいのだ。この「気持ち」を無視して、物や環境だけを手に入れても、「せっかく夢が叶ったのに、なぜだか嬉しくない……」ということになってしまう。

ぜひ、大切な人からの手紙を書くことで、あなたが本当に望んでいる気持ちに気づいてほしい（ついでに、300個書き出した「欲しいものリスト」の1つひとつの横に、それを手に入れることで得られる気持ちも書き出してみるといい）。

？一緒に答えたい質問

Q 小さな頃は、どんな夢があっただろう？

やりたいことが見つからないときには、小さな頃の夢や夢中になっていたことを思い出してみよう。それは、あなたが本当に好きなことの可能性が高い。ちなみに僕は今も旅が大好きなのだが、小さな頃からテレビの旅番組や、『ガリバー旅行記』のような本が大好きだった。

もう一度、子供の頃を思い出してみよう。小さな頃には叶えられなくて諦めてしまったことも、今なら叶えられるかもしれない。

Q やったことがないことは何だろう？

ここまでたくさんの質問をしてきたが、それでも夢が見つからないときもある。だからと言って焦る必要はないし、ムリに夢を見つける必要もない。夢は自然と見つかるものだ。夢が見つからない理由の多くは、選択肢が少ないことによるものだ。単純に知っていることが少ないから、ピンとくる夢と出合えないということもある。ぜひ、いろいろな経験をして世界を広げてみてほしい。まだ知らないこと、まだやったことないことに夢の種がある。世界を広げていこう。

もっとも確実な夢の叶え方

僕には、特殊な能力がある。実は僕が祈れば、必ず雨を降らせることができるのだ。これまで1回もできなかったことはない。100%降らせることができる。なぜかと言うと、雨が降るまで祈るからだ。とてもバカらしい話だが、夢を叶える上では大切なことだ。自分を含め、夢を叶えた多くの人を見てきたが、みんな共通して諦めが悪い。夢を叶えるもっとも確実な方法は、叶うまでやめないことだ。あなたが諦めない限り、誰もその夢を奪うことはできない。

そして、もう1つ大切なことは、夢が見つかったら、まずはどうすれば叶うかを考え、1つひとつ行動に移すことだ。

ところで、あなたは魚釣りをしたことがあるだろうか。魚釣りはのんびり気が長い人のほうが向いているようなイメージがあるかもしれない。たしかに、いつ釣れるかわからないものを待ち続けるには根気がいる。しかし、実際には短気な人のほうが釣りには向いているそうだ。なぜなら、短気な人は釣れなかったら、すぐにやり方を変えるから。

夢も同じだ。行動することも大切だが、叶わないやり方をどれだけ続けても叶わない。1つのやり方をやってみて、ダメならさっさと違うやり方を試したほうがいい。失敗の数だけ成功に近づく。**大切なことは、できそうだからやるのではなく、やりたいからやるということ。**やりたくないことをやると、失敗したときにチャレンジする気持ちをなくしてしまうし、できそうにもないことにチャレンジしていく中で自分が成長して、より大きな幸せを感じていくことになる。ゴールまでの道は見えなくていい。まずは、一歩を踏み出そう。

第3章

最高の未来をつくる11の質問

05

何のために生きているのだろう？

毎日楽しく過ごすために必要なこと

人生には2つのタイプがある。1つはやらなくてはいけないことで埋め尽くされた「こなすだけ」の人生と、もう1つはやりたいことで溢れた「創造的な」人生だ。

あなたの毎日は「こなすだけ」のものになっていないだろうか。気持ちが乗らないのに決まった時間に起きて、ワクワクしない仕事を順番に片付けていく。晩酌やご褒美のスイーツを楽しみに、週末が来るまでやり過ごしていく……。そんな毎日を過ごすときもあるかもしれない。

そういう毎日でも、あなたが心から納得できていれば何も問題はない。しかし、そんな毎日に違和感や物足りなさを覚えているのであれば、少し考えたほうがいい。というのも、人生は結局のところ、日々の積み重ねでしかないので、今日をどう過ごすかが、あなたの人生をつくっているからだ。そうであれば、楽しく充実した毎日のほうがいいだろう。

毎日8時間、年間260日働くとすれば、労働時間は年間2080時間になる。大学を出て定年（仮に60歳とする）までだと、約38年働くことになる。睡眠時間を差し引くと、人生のほとんどを働くことに費やしているにもかかわらず、それが「こなすだけ」であれば、はたして人生は豊かになるだろうか。もちろんプライベートを充実させるという発想もあるが、人生に占める時間の割合が違いすぎる。できることなら、仕事の時間も豊かな時間であるほうがいいのではないだろうか。

毎日をキラキラに変える

では、どうすれば、働く時間がこなすだけのものから、楽しくやりがいのあるものになっていくかを一緒に考えていこう。

すでに質問04で書いたが、1つは好きなことを仕事にすることだと思う。好きなことをしていれば「こなす」という気持ちにはならず、毎日は楽しさとやりがいに満ちたものになるだろう。

しかし、好きなことを仕事にするという話をすると、起こしやすい勘違いがあるので注意したい。それは「楽《ラク》」と「楽しい」は違うということだ。仕事をよりよい時間にするのはいいが、それは「楽《ラク》」をするためではない。**「楽《ラク》する」とは動かないこと、手間をかけないでいいこと、簡単なこと。「楽しい」とは心が躍ること、ワクワクすること、喜びを感じることだ。**もし、楽をしたいのであれば、できるだけ動かないほうがいい。毎日、ずっとベッドの上にいれば、とても楽ではある。しかし、それは楽しいだろうか。

何に楽しみを感じるかは人それぞれなので、一概には言えない。しかし、楽しいことは楽なことではないことが多い。苦しい思いもするが、チャレンジし、成し遂げていく中に本当の楽しさがあるものだ。だからこそ、どんな仕事においても、チャレンジすることに楽しさを見い出せるようになるといい。

時々、サラリーマンの方に「毎朝、時間通りに起きなくていいし、起業すると楽ですよね。僕も起業しようかな」と言われるが、絶対にやめたほうがいい。そういう人は会社にいるほうが、きっと楽だ。その傘の下で満足できない「楽しい」が見つかったら起業するといい。

同じく起業家の方に「仕事の心配もしなくていいし、やることも少ないし、楽そうだから、サラリーマンしようかな」という人もいる。それもやめたほうがいい。きっと起業家のほうが楽だ。ひとりではできない「楽しい」が見つかったら、サラリーマンになるといい。

「楽」と「楽しい」は違う。だからこそ、チャレンジする楽しさを知らない人は小さくてもいいので、ぜひ何かにチャレンジし、成し遂げる喜びを味わってほしい。きっと、やみつきになるだろう。

「何のために」スイッチをオンに

もう1つ、働く時間を楽しいものにする方法がある。それは「何のために」

を考えることだ。

僕は学校で授業やPTAで講演をさせて頂くことも多いのだが、子供がゲームなど好きなことだけして勉強やお手伝いをしない、どうしてなのかと保護者から相談を受けることがよくある。僕の思う答えはシンプルで、単純に「楽しくない」からだ。

先日、友達の家族と遊んでいたとき、小学校3年生になる息子が勉強をしたがらないことが問題になっていた。その子といろいろ話をしていると僕と同じく恐竜好きだということがわかり、一緒に図鑑を見て遊んでいた。「どの恐竜が好き？」「なんで、その恐竜が好きなの？」「そっちの恐竜と、こっちの恐竜が喧嘩したら、どっちが勝つかな？」「もし、恐竜に会えたらどうする？」など、質問家としての力を発揮して、その子にたくさん質問をしてみた。

すると、その子は「恐竜を飼いたい」と言い始めた。子供扱いするのも悪いと思い、「恐竜はもう絶滅していて、もう飼えないんだ。でも、骨を発掘して、どんな恐竜がいたかを研究することはできるよ。この図鑑に載っている恐竜も、誰かが発掘して研究しているんだよ」と、「恐竜博士」という仕事があることを教えてあげたところ、目を輝かせて「僕も恐竜を発掘したい！　どうすれば恐竜博士になれるの？」と聞いてきたので、「自分で考えてごらん」と返事をしておいた。

しばらくして、友人でもあるその子のお父さんから、その子が恐竜博士になるために一生懸命に勉強をし始めたという話を聞いた。親や先生に怒られて「やらなくてはならない」ことだった勉強は、恐竜博士になるという「何のために」を見つけたことで「やりたいこと」になっていったのだ。

あなたも同じだ。毎日の仕事から人生まで「やらなくてはならない」から「やりたいこと」にするには、「何のために」という目的意識を持つことだ。何のために働き、何のために生きているのか。そんな「何のために」の答えが見つかると、楽しさとやりがいが見つかり、「こなすだけ」の毎日がイキイキと輝くものになる。

何かを始めるときには「何のために」を意識してみよう。

迷わないために、人生の道しるべを持つ

「何のために」という目的意識を持つと、「やらなくてはならない」が「やりたい

こと」になるという以外に、もう1つ大きな効果がある。それは人生がブレなくなるということだ。

毎日は忙しいので、気がつくとつい足元ばかりを見てしまいがちだ。知らないうちに道から逸《そ》れていることもある。しかし、「何のために」を理解していれば、道しるべになる。たとえば、「暖かいところを目指す」「気持ちいいところを目指す」「○○タワーを目指す」などの行き先がわかれば、道に迷うことはない。

迷ったときには「何のために」に近づくほうを選べばいいのだ。逆に言うと、人生や仕事に「何のために」という目印や判断基準がなければ、フラフラと人生に迷うことになる。よりよい人生を歩むためにも、ぜひとも自分にとっての「何のために」を見つけてほしい。

ワークライフバランスという言葉の違和感

「何のために」という質問は、目的を明確にするための質問だ。だから「何のために働くのか?」という問いは仕事をする目的を明確にし、「何のために生きているのか？」という問いは、人生の目的を明確にしてくれる。

ここで、考えたいことがある。それは、仕事と人生の目的は違うほうがいいのか、それとも同じほうがいいのかということだ。言い換えると、仕事とプライベートは分けたほうがいいのかという話だ。

昨今、「ワークライフバランス」という考え方が流行っている。寝ている時間を除いた時間を、「ワーク（仕事）」と「ライフ（生活）」に分けて、それぞれバランスよくやっていこうという発想だ。

でも、僕は違和感を覚える。なぜかというと、「ワーク」はツラくてストレスが溜まるけどがんばるべきもので、「ライフ」は楽しくてストレスを解消するためのものという前提があり、そのバランスを取ろうという発想があるように聞こえるからだ。

たしかに、仕事ばかりをしていると、子育てや趣味の時間を取ることが難しく、どちらかに偏ることはよくないかもしれない。しかし、子育てを経験したからこそリーダー力が高まることもあるだろうし、先に紹介したように、趣味を仕事にしている人もたくさんいる。仕事の中で、子育てや趣味から学びを得ることも多いだろう。

そもそも、ひとりの人間がやっているのだから「ワーク」と「ライフ」を分けることにムリがある。「ワーク」＝「ライフ」なので切り離せないものなのだ。

しかし、そうは思えないという人もいるだろう。そんな人は、「何のために働くのか」と「何のために生きるのか」をしっかりと考えてみてほしい。この答えが深まっていくと、「何のために働くのか」の答えと、「何のために生きるのか」の答えは同じだということに気づいていく。自然と「ワーク」＝「ライフ」だということが腑に落ちるだろう（勘違いしないでほしいのは、プライベートを削ってまで仕事をしたほうがいいと言っているのではなく、仕事のとらえ方を変えてほしいという話だ）。

何のために働いているの？

「何のために」を深めると「ワーク」＝「ライフ」となるとわかったところで、あなたが何のために働くのかを一緒に考えていきたい。僕は、何のために働くかという問いの答えには、3つのステージがあると思っている。

1つ目のステージは「ごはんを食べるため」だ。生きていくには当然のことながら、ごはんも住まいも服も必要だ。お金を稼ぐために働くことになんの問題もない。ただし、それだけでは生きるために生きることになり、動物と変わらない。それも否定しないが、もっと大きな喜びや幸せを手にする方法が2つ目のステージだ。

2つ目のステージは「好きなことをするため」だ。世の中には、働かなくて困らないほどのお金を持っているにもかかわらず、仕事熱心な人がいる。むしろ、お金を持っていない人よりも熱心だったりもする。そんな人は「ごはんを食べるため」ではなく、好きなだけ「好きなことをする」ために働いているのだ。仕事が生きがいなので不平不満やグチもない。仕事と遊びの境目がなくなり、好きなことをしているとお金がもらえるという状態になっているのだ。ここまでくると「ワーク」＝「ライフ」がイメージできると思う。

3つ目のステージは、「みんなのため」だ。たとえば、世の中から貧困や暴力をなくすために仕事をしている人や、日本の伝統文化を後世に伝えるために仕事をしている人もいるだろう。何かしらの志をもって自分ひとりの幸せのためではなく、より多くの人の幸せを生み出すために働いている人だ。

ここで勘違いしてはいけないのは、それが偽善ではないということだ。誰かのために自分を殺してまで働いているのではなく、みんなの幸せを追求することが、その人の幸せなのだ。言い方を換えると、「私」と「みんな」が分離しているのではなく、「私＝みんな」という感覚に近い。

たとえば、人間関係を考えたときに「自分」だけを「自分ごと」ととらえる人もいれば、「家族」を「自分ごと」ととらえる人もいる。「地域」「国」「世界」という人もいるだろう。どこまでを「自分ごと」ととらえることができるかということだ。

自分の未来は自由につくることができるというのが本書の趣旨だが、世界に目を向けてみると、自分の将来を自分でつくっていけるほど豊かな環境に生きている人はごくわずかだ。どんなに才能があっても、どんなに努力をしても、今いる環境を甘んじて受け入れるしかなく、現実を変えたくても変えられない人もたくさんいる。未来を自分でつくっていける環境に暮らす僕たちが「みんなのため」に生きていくことは、責務であるとは言えないだろうか。

3つのステージを紹介したが、どのステージで生きていこうがあなたの自由だ。しかし、人生をより豊かに、より満足度の高いものにしたいと思うのであれば、1つ目よりも2つ目、2つ目よりも3つ目とステージを移していくといい。すると「ワーク」と「ライフ」を分けないほうがより豊かだと気づいていけるだろう。「浪費」から「創造」の人生へとシフトすることで、より多くの人を幸せにしていくことができる。壁は高くなっていくが、そこで得られる喜びも大きくなっていく。ここで再度、「人生をかけて成し遂げたいことは何だろう?」という問いに向き合ってみてほしい。

？一緒に答えたい質問

Q もし、あなたの死後に、あなたをテーマにした映画や本ができたとする。その内容はどんなものだろう？

たとえば、スティーブ・ジョブズが亡くなった後には、彼の人生をテーマにした映画ができた。書店にエジソンやライト兄弟、マザー・テレサなど偉人の伝記がたくさん並んでいる。

同じように、もしあなたの死後に自分の名前を冠した映画や本ができるとしたら、それはどんな内容だろう。あなたの人生がどんな内容だったら最高に嬉しいだろうか。それを考えると、自然と人生で成し遂げたいことも見えてくる。

Q 一生懸命に働いてきた（生きてきた）ことで、周りの人に、どんな影響を与えることができたら、最高に嬉しいだろう？

僕は、自分の仕事を通して世の中が少しでもよくなることを願って、仕事をしている。ひとりでも多くの人が自分らしく生きることができればいいなと思っている。企業研修に行くときには、一社でも多くの会社が、その会社らしく輝いてほしいと願い、学校にうかがうときにはひとりでも多くの人が、自分らしく輝いてほしいと願って仕事をさせて頂いている。僕の「何のために」は、「自分らしく輝く人と会社をもっと」だ。

このように、あなたも自分を通して、周りを少しだけでもよりよくすることができるとすれば、どんなことができると嬉しいだろうか。幸せな人を増やしたいとすれば、どんな幸せをどうやって増やしていきたいのかを考えてみよう。

小さな一歩を重ねていこう

「何のために」と考えることは、とても面倒なことかもしれない。そんな小難《こむずか》しいことを考えなくても、今、この瞬間、一瞬一瞬を楽しんで生きていくこともできるだろう。僕も若いときにはそう思っていた。しかし、それでは得られる幸せがとっても少ないことに気づいたのだ。

すでに書いたように、仕事がイヤなものだとすれば、その時間は幸せではなくなる。ぜひ、「何のために」を深め、あなたが持っているすべての時間を幸せなものに変えてほしい。

また、「何のために」は見つけるだけでは意味がない。「何のために」に一歩でも近づく仕事をし、「何のために」に一歩でも近づく生き方をしよう。自分にできることは微力かもしれないが、どんな偉大なことも誰かの小さな一歩から始まっていく。それは、あなたにとってもみんなにとっても、とても豊かなことだ。

第３章

最高の未来をつくる11の質問

06

どんな自分でいたいだろう？

どんな人間に生まれ変わりたい？

「もし、生まれ変われたら……」そんな妄想をしたことはないだろうか。あのミュージシャンみたいに歌えたらとか、あのサッカー選手みたいにボールを蹴ってみたいとか……。また、あの友達みたいに明るくなりたいと思うこともあるかもしれない。

そこで一度、今、自分がどんな人になりたいと思っているのかを書き出してみよう。質問は「もし生まれ変われるとしたら、どんな人に生まれたいだろう？」だ。

見た目や才能だけでなく性格も含め、できるだけ細かく書き出してみよう。

もし、周りにモデルになるような人がいるなら、「○○さんのように、明るくなりたい」と名前を出して具体的に書いてみるといい。想像するだけでなく、一度この本を閉じて、ノートに書き出してみよう。

書き終えたら、もう１つ質問を重ねたい。質問は、「あなたは、どんな人ですか？」だ。あなたは、どう答えるだろうか。

明るい人です。マジメな人です。何にでもチャレンジする人です。じっくり丁寧な人です……。答えはいろいろあると思うが、その答えをノートに書いてほしい。

性格は思い込みにすぎない

今、自分の性格を書き出してもらったが、それは100%満足いくものだろうか。

もしかすると、１つくらいは好きになれない部分があるかもしれない。

たとえば、もっとスリムだったら、もっと目が大きかったら……など外見的なものから、もっと優しかったら、もっと明るかったら……という内面的なものまで、理想と現実の自分を比べたら、ため息が漏れるという人もいるだろう。

しかし、悲しむことはない。**人は自分を理想に近づけることができる。外見**

も内面も磨くことができるのだ。ダイエットをしたり、髪型やメイクを変えたりすることで別人のようになることはよくある話だ。

また、中身も変えることができる。なぜなら、今、あなたが思っている「あなたの性格」はどれも事実ではなく、ただの思い込みにすぎないからだ。

あなたの性格がどのようにつくられてきたかを考えてみると、もちろん遺伝的な要因や、生まれ育った家庭環境は大きく影響するが、それだけではない。

生まれたばかりの赤ちゃんは、自分がどんな人間かを知らない。自分のままに生きていればいいので、自分の性格を知る必要もないからだ。猫が自分の性格を認識していないのと同じで、生きていく上で自分の性格を自分で知る必要はない。

しかし、成長するにつれて親や先生、友達などの周囲から「あなたって、○○ね」と言われるようになる。通信簿にも「こんな性格の子です」と書かれていただろう。そこであなたは自分がそんな人間であると知ることになる。

周りから「あなたって○○だよね」と言われ続けると、それを意識するようになり、気づかないうちにどんどんそうなっていく。周囲の期待に応えたくて意識的に演じることもある。こうしてどんどん周りの声に応えるように、自分をつくっていくのだ。

したがって「私はこんな人」ということの多くは思い込みでしかない。あなたが周りの人と比べると「こういう面がある」という相対的なもので、絶対的な事実ではない。

どんな自分にでもなれる

性格が思い込みでしかないとすれば、自分がどんな人でありたいのかも思い通りだ。最初に書き出した憧れの人のようにもなれる。明るい人でいたいなら、今日から明るく生きていけばいいだけだ。

僕は数年前まで人見知りだった。初めて会う人がいると緊張して汗をかいてしまい、ろくに話もできなかった。しかし、そんな自分ではイヤだなと思い、ある日「誰とでも仲良くなれる」と思うことにした。最初は少し違和感を覚えたものの、しばらく演じているうちに自然と誰とでも仲良くなれる自分になっていった。今では何百人の前で講演をしても緊張しなくなった。

人間の脳は、自分が自然体と感じるものになろうとする。人見知りが自然だと思えば人見知りになるし、誰とでも仲良くなれる人だと思えば、そうなっていく。

したがって、自分を変えていくには、**どんな人でありたいかを強くイメージし、実際にそういう行動を重ねていくだけだ。憧れている誰かをずっとマネをしていれば、「マネをした」ではなく「影響を受けた」と、いつの間にか自然と自分のものになる。**

私って○○な人

自分を変えていく上で、**もっとも簡単な方法は口癖を変えることだ。**「私って○○だから」という口癖を「自分のことをどんな人だと思っているか」ではなく、「どんな人だと思いたいのか」に変えてみよう。

「私って○○な人」という自己認識は、よくも悪くもあなたに大きく影響する。たとえば「私って、なんでもチャレンジするほうなんです」と言う人は、それを守るためにチャレンジする自分であり続けようとする。

逆に「私、いつも自信がなくて……」という人もそれを守るために、いつも自信がない自分で居続けようとし、それが自然になってしまう。そうやって「自分」をつくっていくのだ。

僕自身、積極的に話しかけるほうではないので、自分のことをずっと人見知りだと思ってきたことはすでにお話ししたとおりだ。問題なのは、人見知りであることをチャレンジしなくてもいい言い訳に使い、自分を守ってきたことだ。そんな枠に自分を閉じ込めてもいいことは何もない。変化や成長することもない。

そこで、今日からは「わたしは、○○な人だから」を理想の自分を生きるための武器にしよう。僕の友達に「ひとりでは何もできない」と言って一歩を踏み出さない人がいた。その人に、「どんな自分になりたい？」と聞いたら、「何でもひとりでできる女性になりたい」と話してくれたので、「今日から、そう思い込んで演じてみたら？」と言ったところ、半年後にはひとりで海外旅行に行っていた。あなたも口癖から変えてみよう。

カエルの子はカエル。最高のカエルになろう

ここまで、どんな自分にでもなれるという話をしたが、大切な話がある。それは、**自分を理想に近づけることはできるが、残念なことに限界がある。人は他の人にはなれない、と言うよりもならないほうがいいということだ。**

あなたは「リンゴの木」だとする。これから大きく育ち、花を咲かせ、実をつけていくところだ。

ふと、周りを見るといろいろな果物がある。オレンジを見ると「オレンジ色ってステキだな」と思う。また、ブドウを見れば「兄妹がたくさんいて、房になるっていいな」と思い、スイカを見ては「大きくて、中が赤いのもかっこいい！」と思う。パイナップルを見ては「あんなファンキーな髪型もかっこいい！」と思ったりする。

こうしてリンゴであるあなたは、周りの果物に憧れることで、リンゴらしさをどんどん失い、なんだかよくわからない果物になっていく。

自分にはないものを持っているからこそ、違うものに憧れる。でも、それになろうとしたら、自分の個性をなくすことになる。リンゴはリンゴになっていくほうが

いいのだ。あなたはどんな人にでもなれるが、あなたじゃないものになるのは、とても不自然だし、どれだけがんばっても他のモノにはなれない。

あなたも、今ここにあるものを受け入れよう。成長しなくていいと言っているのではない。リンゴがもっとリンゴらしくなるほうがいいように、あなたももっとあなたらしくなるといいということだ。何が「憧れ」で、何が「あなたらしい」かは、自分が一番よく知っているはずだ。あなたが自然体でいられることが、あなたらしいことだ。それを受け入れればいい。

「私なんて……」と自分を認められない気持ちもよくわかるが、あなたが知らないだけで、あなた自身も憧れられる存在であることも忘れてはいけない。リンゴが他の果物に憧れているように、他の果物もリンゴに憧れているのだ。

キレイに咲ける場所に身を置く

あなたにはどんな短所があるだろうか。

僕には短所がたくさんある、というか短所だらけだ。物事は大雑把だし、後先考えずにすぐに飛びつくし、イヤなことはしたくないというワガママだし……。でも、こんな短所を直そうと思ったことは一度もない。というのも、短所を直すと長所もなくなるからだ。

短所は長所の裏返しでしかない。僕の「大雑把」という短所は、「おおらか」という長所の裏返しであり、「細かいことが気にならない」という特徴があるだけだ。「後先考えない」という短所は「行動的」という長所でもあるし、「イヤなことはしない」という短所は「好きなことに集中できる」という長所でもある。光と影がいつも同時に存在するようなもので、光を見るか影を見るかという話でしかない。短所を直そうとすれば同時に長所もなくすことになる。短所は直さなくていいのだ。

もし、「私って、ダメなところばかりで……」と思うなら、そのダメなところを書き出してみよう。そして、その短所を長所に書き換えよう。

問題は、短所があることではなく、どこで生きていくかという「場」がズレていることだ。あなたの特徴が短所となってしまう環境にいることが問題なのだ。

今いる場所で咲くという話がある。自分が置かれた環境を受け入れ、そこでがんばっていこうという発想で、とてもステキだと思う。物事をすぐに投げ出していては咲く花も咲かない。厳しい冬を越えた先に春があるように、1カ所でがんばることで花は咲くのだ。

しかし、南国の花は北国でキレイに咲くだろうか。南国の花は南国でこそ咲けるのだ。**今、置かれた場所で咲くという発想も必要だが、そこがあなたにとってふさわしい場所でないのであれば、キレイに咲ける場所に移動することも大切だ。**

もっと言うと、今の職場でがんばっていくことにも意味があるが、そこがあなたを活かし切れていないのであれば、さっさと逃げ出したほうがいい。いつまでも花が咲くことはないからだ。

先ほど書いたように僕は「細かいところを気にしない」という特徴がある。だから、仕事の緻密さを要求される事務の仕事には向いておらず、ルーティンワークができない性格でもあるので、勤めることにも向いていない。だから起業で自分の場を得ることによって「細かいところを気にしない」も「ルーティンワークができない」も短所から長所になったのだ。

短所をムリして直す必要はない。あなたが持っている特徴を短所ではなく、長所として発揮でき、そのままのあなたをステキだと受け入れてくれる場に身を置くことを考えよう。あなたにとって自分らしくいられる場所はどこだろうか。

？ 一緒に答えたい質問

Q 私を表すキーワードは何だろう？

自分を客観的に知るために友達や会社の同僚に、「私を表すキーワードを3つ教えてほしい」と聞いてみよう。僕の場合は「アイデアマン、行動的、旅する人、人生を楽しんでいる人」といった答えが返ってきた。あなたは、どうだろう。

「ジョハリの窓」という考え方がある。人には4つの顔があるというものだ。①1つ目は、あなたも周りの人も知っている顔。②2つ目は、あなたは知っているが周りの人は知らない顔。③3つ目は、あなたは知らないが周りの人は知っている顔。④4つ目は、あなたも周りの人も知らない顔だ。

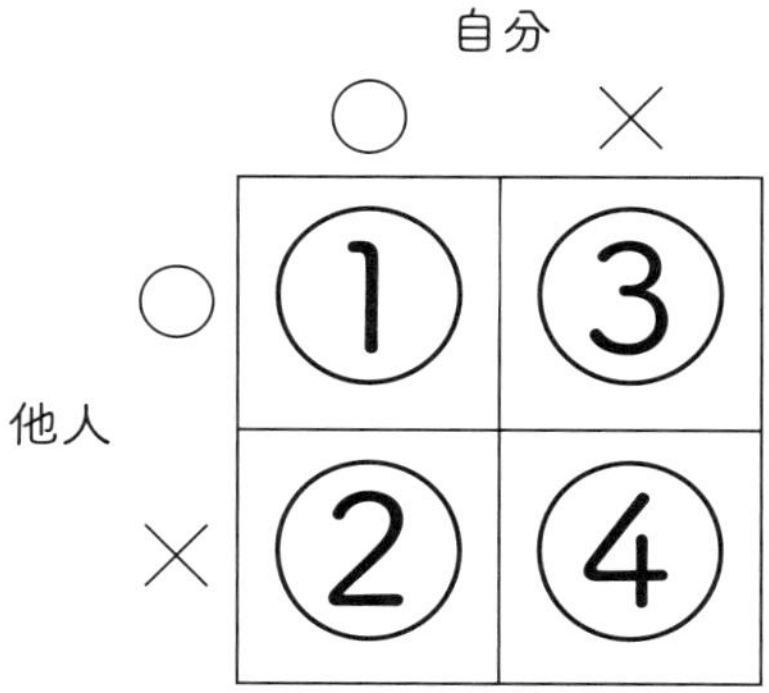

○は「知っている」、×は「知らない」

「私を表すキーワードは何ですか？」と周りに聞くことで、3つの目の「あなたは知らないけど、周りの人は知っている顔」を知ることができる。それは、あなたが知らないだけで、そのあなたも間違いなくあなた自身だ。

鏡がないと自分の姿を見ることができないように、人は自分のことはよくわからない。こうやって、周りの人を通して、自分の姿を知ることは大切だ。

しかし、「他人から見た姿」に自分を寄せる必要はない。確かめるべきことは、あなたが発しているものがちゃんと届いているかということだ。自分は赤色を発していると思っているのに、周りが青色だと思っていたとしたら、伝え方を変えたほうがいい。周りには青色に見えているから青色にしたほうがいいということではなく、そのままの自分を好きでいてくれる人とだけ関わればいいのだ。

また、周りに見せていない顔があるとすれば、どんどん見せていこう。隠しごとをすればするほど毎日は狭くなり、素の自分ではいられなくなるので、ツラくなってくる。

あなたの魅力をどんどん出そう。あなたが知っているあなたと、周りの人が知っているあなたがピタッと一致すると、とても楽に自分らしく生きていける。

清々しく生きていく

ここまで「自分がどうありたいか」と性格に関する話をしてきたが、自分自身が商品となるような仕事をしないのであれば、自分がどんな人なのかをあなたは知る必要もないし、つくっていく必要もない。

考えてみてほしい。猫も犬も自分がどんな性格なのかも知らないし、周りにどう思われているかも知らない。「こんな猫になろう！」なんて微塵も思っていないはずだ。自分が心地よくいられることだけを素直に生きている。そんな姿を周囲の人間が勝手に「いいな」と思っているだけだ。

人間は他人と比べたり、羨《うらや》んだり、他人の評価を気にしたりするが、あなたがあなたとして生きている中では必要ないことだ。自分に良し悪しのレッテルを貼るのではなく、自分の心に素直に心地よさを求めればいい。

そうすると嫌われるかもしれないと思う人もいると思うが、安心してやってみるといい。周りにいる人は変わるかもしれないが、独りぼっちになることはない。むしろ「自分らしくスッキリ気持ちよく生きている人」という評価になるだろう（そんな評価すら、本来はどうでもいいのだが）。

よく「誠実な人でいたい」という話を聞くが、本当に誠実な人というのは他人だけでなく、自分にも嘘をつかない人のことだ。そうあるためにも、ぜひ今のままの自分を受け入れ、愛してほしい。あなたはあなたにしかなれないし、それがシンプルで自然なことだ。自分に納得して清々しく生きていこう。

07

どんなチャレンジをしよう？

成長すれば世界が広がる

ここでは「自分をどうやって成長させていくか」ということを取り上げたいのだが、その前に、まずは「なぜ、成長したほうがいいのか」を考えてみよう。「別に成長なんてしなくてもいい」と思っていると、ここから先の話が広がらないので。

たとえば、小学生の頃と、今のあなたを比べると何が変わっただろうか。体だけでなく、内面的な変化も大きいと思う。できることや与えられるチャンスが増えたり、わからなかったことが理解できるようになっているだろう。

成長とは「世界が広がる」ことだ。子供の頃には世界を旅したいと思っても、結婚をしたいと思っても、起業したいと思っても、自分の意思だけではできないことが多かった。「チカラ」がないから、自分で何かをすることができない。何をしたいかはわかっていてもできないというジレンマがある。

しかし、大人はどうだろう。好きな人と過ごすことも、好きなものを好きなだけ食べることも、好きな場所に行くことも、好きなことをすることも、なんでも自由だ。大人になることで自分で責任を取ることと引き換えに、「何でも自由にできる」というチカラを手に入れた。

支払いの責任を背負えば、理想の家で暮らすことができる。ちゃんと育てるという責任を負えば、子供を持つこともできる。商品への責任を背負えば、起業することもできる。得るものに対する責任を持てば、すべては思い通りだ。逆に言うと、責任を背負わせてもらえることが成長とも言える。成長をすればするほど、より大きくより深い望みを叶えられるのだ。

あなたの幸せには限界がある

幸せは「1」しか受け取れない人もいれば、「100」受け取れる人もいるように、人によって受け取れる量が決まっている。どれだけ多くのものを受け取りたいと思っても、自分の器《うつわ》以上のものは入ってこない。溢れ出るだけだ。

時々、宝くじが当たって人生を破滅させる人の話を聞くが、あれがまさしく受け取れる量の話だ。

今、年収300万円の器の人に突然3億円がやってきても、非日常だからどう使っていいのかわからなくなってしまう。その結果、バランスが崩れて身の破滅を招くことになる。

逆に、普段から自然に3億円の生活ができている人（もしくは、それがイメージできている人）が、宝くじに当たっても身の破滅を招くことなく、うまく使いこなすだろう。

僕たちは、「できるだけ多くの幸せが欲しい」とついつい思いがちだが、幸せは自分の器以上のものはやってこないし、もしやってきても破綻してしまうだけだ。

多くの幸せを求める前にそれを受け取れる器を用意しないといけない。その器を用意することが、成長するということだ。

成長するとできることが増え、考えていることが広く深くなる。そして背負えるものが大きくなってくるにつれて、受け取れる幸せも増えてくる。**もっと幸せを感じたい。もっと夢を叶えたい。もっと豊かな人生を歩みたいと考えるのであれば、それを受け取るにふさわしい自分に育てていく必要がある。**だから人は成長したほうがいいのだ。では、どうすれば成長できるかを考えていこう。

大きな壁が人を成長させる

どうすれば、人が成長するか。僕は、その答えは1つしかないと思っている。それは「壁を乗り越えること」だ。

昨日の自分で対応できる今日を生きていたのでは、いつまでも成長できない。今の自分では乗り越えることができない壁が向かってきてこそ、人は考え、成長していくのだ。

僕の人生を振り返ってみると、5年間ほど何をしていたか思い出せない時期がある。この期間、広島で小さなデザイン会社を経営していたのだが、特に大きな問題が起こることもなく、ゆるやかではあったが右肩上がりに成長もしていた。何も考えなくてもそこそこうまくいっていたのだ。何も起きてないから思い出すこともない。

しかし、そんなときにリーマン・ショックが起こり、売上が大きく減ることになる。こうなると人は考え、行動し始める。現状を打破するために、紙媒体からウェブなどに手を広げ、デザインのみからコンサルティングへシフトしていったのだが、これが成長だと思う。

昨日と同じ毎日を過ごしても、大きくはなるかもしれない。でもそれは小さな青虫が大きな青虫になっていくだけで、青虫であることには変わらない。大きくなったところで、葉っぱがたくさん食べられるようになるくらいの変化しかなく、受け取れる幸せも多くはならない。

しかし、青虫のままでは越えられない壁がやってくる。それが「飛ぶ」だ。青虫のままでは飛ぶことはできない。そこでサナギという苦しみの時期を経て、蝶へと成長していくのだ。

もし、目の前に悩ましいことや、不安に感じることがあるのなら、それは成長のチャンスだ。心の中で「しめしめ、これでまた成長できる！」と悩める状況を楽しもう。

悩みは常について回るもので逃げ切れることはないのだから、早いところ向き合ったほうがよい。悩みが生まれるということは、より一段高いステージに登る準備ができたということなので心から喜ぼう。逆に、悩みがないときには注意をしたほうがいい。成長が止まっている証拠だ。

ワクワクする壁を用意しよう

しかし、人はいつでも強くはいられないし、悩みがないときもあるだろう。そんな時には自分で壁をつくるのもいい。壁には与えられる壁と自分でつくり出していく壁があり、どちらも乗り越えることに本当の喜びがあり、その先には成長した自分が待っている。

後者の壁、つまり自分でつくる壁が「夢」だ。それにチャレンジすることはとてもワクワクすることなので、乗り越えていく過程自体を楽しむことができる。今の自分では叶えられそうもない大きな夢にチャレンジすれば、叶っても叶わなくても、大きく成長できるはずだ。

成長に差がつく2つの学び方

人が成長するには、もう1つの方法がある。それは「勉強する」だ。勉強すれば、知らないことを吸収でき、できなかったことができるようになる。大人になっても人は成長できる。知識や教養を学ぶ教室や講座は山ほどあるので、ワクワクするものに足を踏み入れてみるといい。ただし、その際に気をつけるべきは、「何のために」を意識することだ（すでに05の質問で紹介した）。

学びには2つの方法がある。1つは、先に学ぶという方法。学校での学習がこれに近い。その学びが何に活かされるかも本人はよくわかっていないのだが、「いつか何かの役に立つから」とまず学んで、その学んだことをどう役立てようかという発想だ。また、何かを学ぶときに、ただ「楽しそうだから」という理由では、「楽しい」以上のものは得られないだろうし、会社の研修など他人から言われて仕方なく参加するなど自分の意思でないものは、言わずもがな身につかない。足りないものは「何のために」だ。

もう１つ、後から学ぶ方法もある。目の前に夢や悩みという大きな壁があって、それを乗り越えるために必要だから学ぶという方法だ。「何のために」が先にあった上で必要なものを学んでいくスタイルで、先述とは真逆になる。やる気も目的も先にあるので、こちらのほうが楽しく、かつ速く身につけることができる。

まず、「やります」と言ってみる

僕がかつて、デザイン会社を経営していたことはすでにお話しした。一般的にデザイナーになりたいと思ったら、まずは勉強することから始めるだろう。デザイン学校に通ったり、デザイン事務所に就職したり、独学する人もいるかもしれない。いずれにせよデザイナーと名乗れるくらいには学んでから、仕事にしていくのが普通だ。

しかし、僕は逆だった。学校に通ったこともデザイン会社に就職したこともない。そもそもデザインというものをしたことがなかった。でも、「やってみたい！」と強く思ったので、まずは起業したのだ。

起業そのものは税務署に書類を出すだけでいいので簡単だ。レベルはともあれ、晴れてデザイナーの一員になったのだが、もちろんまだ何もできない。そこで近くの印刷会社や印刷機材などを扱う会社に電話をして、いろいろと教えてもらった。イラストレーターやフォトショップというソフトが必要なことも、そこで初めて知ることになる。

そして知り合いに「デザイン会社始めました！」と言ってみたら、「名刺つくれる？」と聞かれた。もちろんつくったことはない。でも「できますよ！」と請け負ってから、書店に「名刺のつくり方」という本を買いに行き、勉強して納品したのだ。

同じように「チラシをつくれる？」「パンフレットできる？」「ホームページできる？」と言われ、目の前に壁ができるたびに頭を悩ませながら1つずつできることを深めていった。

今思えば、初めて仕事をくれた人には申し訳ない気持ちもあるが、手を抜いたことはなく、自分もお客さまも納得いかないものにはお金を頂かなかったことだけは述べておきたい。

僕は、いつもこうやって夢を叶えてきた。デザイン業をやめてコンサルタントになったときも、コンサルタントの勉強をしたこともコンサルティング会社で働いた経験も、中小企業診断士のような資格もない。あるのは、ただ「やりたい」という気持ちだけだった。

そんなやり方はよくないと思う人も、人に迷惑をかけないようにしっかり学んでからスタートしたほうがいいとか、よくそれで仕事がもらえたなとか思う人もいるだろうし、その気持ちもよくわかる。

しかし、いくら学んでも、どこかで「初めてやる」が来ることには変わりないし、「初めて」にいつ挑むかは自分で決めるしかない。僕のように、気軽に「初めて」を迎える人もいれば、どれだけ学びを深めても、自信がない……とチャレンジしない人もいるだろう。

しかし、明日にならなければスタートしないのであれば、一生スタートは切れない。机の上で学べることと、実際の現場で学べることには雲泥の差があるし、どれだけ学んでいてもはじめのうちは迷惑をかけてしまうものなのだから、なるべく早く「やる」をしたほうがいいと思う。まずは、スタートを切ることだ。そして足りないものをどんどん身につけていけば前進できる。

この本も同じだ。僕は文章を書く勉強はしたことはない。今、必要に迫られてから、一生懸命に頭を悩ませている。初めて人に見せる文章を書いたのは、7年前にブログを始めたときだ。その頃は1つの記事に1時間ほどかけて書いていたが、今、見返してみれば、よくこんな記事を恥ずかしげもなく公開していたと思うほどのひどい出来だ。

でも、あのときに完璧でなければ公開しないと思っていたら、きっといまだに文章を書く練習をし続けて本番を迎えることはなかっただろう。完璧を待たずにさっさとスタートをする中で、多くの人から賞賛と批判を受け、切磋琢磨をしながら、今こうやって自分で本を書いている。

もちろん今は最高だと思ってこの本を書いているが、数年後には恥ずかしくなることだろうし、むしろ数年後には恥ずかしいと思えるように成長していたいとも思っている。手を抜けとか、適当でいいと言っているのではない。人は死ぬまで完璧にはならないのだから、完璧を待つのではなく、今のベストを尽くせばいいし、逆に言うと今のベストを尽くすことしかできないということだ。

？一緒に答えたい質問

Q 今、目の前にある壁を乗り越えると、何が待っているだろう？

悩んでいるときには自分が成長しているなどと考える心の余裕もないかもしれない。絶望感や悲しみに打ちひしがれ、上を向く余裕もなくなり、その壁から逃れることを考えるだろう。誰かに救ってほしくなる気持ちもよくわかる。

しかし、しつこいようだが、目の前にある壁は自分で登らないといけない。自分で登ることができないと、その壁は一生、あなたを追いかけ回すことになる。それは会社や家庭、人間関係を変えても解決しない。なぜなら問題は周りではなく、あなた自身にあるからだ。

ただし、どんな壁もイヤイヤ登るのではなく、楽しく登っていくことができる。まずは「その壁の先にあるもの」をイメージしてみよう。この悩みを乗り越えたら、「どんな自分になっているだろうか」「どんな毎日が待っているだろうか」などを考え、想像してみるのだ。

ポイントは、心からワクワクするまで考えてみることだ。その悩みが「越えないといけないもの」から「越えたいもの」に変わると、自然とやる気も湧いてくるはずだ。

Q 一歩を踏み出す勇気は、どこからやってくるのだろう？

いろいろなことにチャレンジしてきた僕でも、いまだにやったことがないことに手を出すには勇気がいる。本当はベッドの上で丸まっていたいのだが、好奇心がその気持ちに勝ってしまうので、ベッドから飛び起きることになる。

知人にやりたいことがあるのに自信がなくて、どうしても一歩が踏み出せないという人がいた。そこで僕はこんなことを聞いてみた。

「もし、僕がお金を出すと言ったら、アフリカの小さな国に旅する自信はある？」

すると、その女性は「イヤ、自信がないからやりたくない」と答えた。

そこで、好きな芸能人が誰かを聞き出し、「もし、その好きな芸能人がアフリカの小さな国の空港で待っていて、１週間、一緒に旅できるとしたらどうする？」

その女性は二つ返事で「行く！　行きたい！」と答えた。

「自信がないのでは？」と嫌味な質問をしてみたら、「いや、そんなこと言ってられないでしょ。行くに決まってる」とのこと。

もし、あなたが一歩を踏み出せないことに言い訳をしているのであれば、それはワクワク感が足りないだけかもしれない。言い訳や不安が入り込む余地がないほどワクワクするものを見つける、もしくは今見つけているものへのワクワク感を高めてみるといい。

結局、ゼロに戻るだけ

チャレンジを妨げるもっとも大きなものは「自分」だ。チャレンジをすることで失うものを想像してしまい、一歩が踏み出せないのだ。

たとえば「幸せの当たり前」を高くしてしまうと、失うことが怖くなる。毎日フランス料理を食べることが当たり前だと思っていると、質素な生活になることへの怖れが生まれるかもしれないが、今日、食事にありつくこと自体が幸福であると思っていれば、フランス料理が食べられるだけで、とても幸せだ。

僕たちは生まれてきたときはゼロで何も持っていない。そこから内面的にも物質的にも、いろいろなものを手にし、死ぬときにはまたゼロになる。あの世には何も持っていくことはできない。「なくす」ことを怖れるかもしれないが、よくよく考えてみれば生まれたときはゼロなので、何かをなくしても、そこに戻るだけの話だし、本当に大切なものはすでにあなたの中にあるので、また始めればいいだけだ。

今あるものを守ることも人生だし、二度とないものを求め続けることも人生だ。どちらでもいいので自分が心から納得できるほうを選べばいい。

とは言え、多くの人はひとりで生きているわけではないから、家族や友人に迷惑をかけるようなチャレンジはやめたほうがいいと思う。守るべきものもあるからだ。しかし、守ることと、失うことはあまり関係ない。自分の中でしっかり決着をつけてほしい。もう一度聞くが、自分に言い訳をしていないだろうか。

08

私のご利益は何だろう？

必要とされる人になる

ここではあなたの「仕事」について一緒に考えていきたい。仕事の話になると、多くの人が出世について考えるのではないだろうか。そうではない人ももちろんいるとは思うが、仕事を考える上で大きな誤解を生みがちなので、まずはその話をしておきたい。

かつての僕はとにかく出世したいと思っていた。会社員時代は早く主任になりたかったし、起業してからも「社長！」と呼ばれることに密かに優越感を感じていた。でも、社長になってみたところで、現実は何も変わらない。世の中には社長と呼ばれる人は山ほどいるし、「社長！」とちやほやしてくれるのは、下心のある人たちだけだ。肩書だけではご飯は食べられない。

たとえば、「○○会社の部長」という肩書は「○○会社」にチカラがあるのであり、あなたがチカラを持っているのではない。大きな会社でチカラを持っていた人が会社をやめた途端に再就職できずに路頭に迷う話はあなたも山ほど聞いたことがあるだろう。肩書のチカラを自分の魅力や価値だと勘違いしてはいけない。大切なのは肩書ではなく、あなた自身の中身だ。

肩書はパスポートみたいなものでしかない。その組織や立場だからこそできることをするための許可証だ。何かを成し遂げるためにその組織の肩書や立場を求めるのであればいいが、肩書だけを求めるものでない。

今の時代、就職すれば一生安泰という企業はほとんどなくなってしまった。大きな会社が、（むしろ大きな会社だからこそ）経営環境の変化に対応できず、白旗をあげる可能性がある時代だ。あなたを守ってくれる大きな木はなくなりつつある。いつ荒野に放り出されるかわからない今だからこそ、会社の中での肩書を求めるだけでなく、いつでもどこでも必要とされる「自分」を育てていくことが大切だ。

仕事は「職業」×「働き方」

「仕事」を考えるとなると、つい「職業」を思い浮かべがちだが、実はそれだけではない。仕事には2つの要素がある。「職業」と「働き方」だ。花屋さん、デザイナー、事務……など「何をするか」は「職業」。「働き方」とは、サラリーマン、起業家、経営者、オーナー、投資家などだ。

職業と働き方は違う。「花屋さん」でも、誰かに雇われてやることも、自分で店を開くことも、オーナーとして他の人にやってもらうこともできる。このように同じ「花屋さん」でも大きく違うのだ。自分に合った職業を考えるだけではなく、自分に合った働き方も見つけておきたい。

最高の働き方を考えてみる

自分に合う働き方を見つけるために、すぐにやったほうがいいことがある。

それはいろいろな働き方を知ることだ。知らなければ選ぶこともできない。だからこそどんな働き方があるのかを深く調べてみよう。

サラリーマンという働き方は、どんな働き方で、どんないい面やよくない面があるだろうか。同様に起業家、経営者、投資家はどうだろうか。

どんな働き方にも、いい面と悪い面があり、互いにきっと想像も理解もできない働き方や生き方をしている。どっちがいいかとか、どっちが優れているかという話ではなく、あなたに合っているものは何かという話だ。

自分の周りにふさわしい人がいなければ、人脈を広げてほしい。できれば少しでも体験できるといい。いろいろな働き方を肌で感じて、さまざまな働き方を知った上で、自分の意思で選択できれば最高だ。

そして、さまざまな働き方の中から自分に合ったものを選択するときに大切にしたいことを紹介する。まずは、**「イヤだ」という気持ちだけで他を選択しないことだ。**僕は起業志望者に向けた塾も主宰しているが、そこには2つのタイプの人がいる。

必ずと言っていいほどうまくいかないのは、サラリーマンがイヤでやめる人だ。

隣の芝生は青く見えるのだろう。ガマンすることが多いため、「サラリーマンをやめたい！」と起業家を目指すのだが、こういう人は結局、起業をしても同じように何かに文句を言うことになる。やってみるとわかるが、起業は決して「楽」ではない。ツライからやめてもまた新たなツライが待っているだけだ。

一方でうまくいく人もいる。それはやりたいことが明確で、心からワクワクしている人だ。こういう人は壁がやってきても楽しく乗り越えていくので、うまくいく可能性が高い。

逆に両親が自営業で苦労してきたのを見て、自分はそうはなりたくないとサラリーマンになる人もいる。このパターンもサラリーマンという働き方の中に喜びを見い出だせないとツライだろう。イヤだという気持ちだけで他を選ぶのではなく、これがいいからと選ぶといい。

もう1つの働き方を選ぶときのコツは、あなたが成し遂げたいことを叶えるには、どの道がいいかということだ。

起業家になれば、誰の指図も受けずに自由に好き勝手できる。しかし、ひとりでできることには限界もある。大きなことをやりたいのであれば、会社という組織を動かすほうが実現できる可能性もスピードも上がる。また、会社をつくり、経営者として成し遂げていくという方法もあるし、お金があるのなら、できそうな人に投資をするというやり方もある。いずれにせよ自分が成し遂げたいことに近づくためには、どの働き方がいいのかを考えてみるといい。

僕は自分にはサラリーマンは向いていないと思っているが、これからもっとワクワクすることが見つかり、それがサラリーマンのほうが叶えやすいのであれば、サラリーマンになるかもしれない。仕事は、あなたという人間の1つの表現方法でしかないのだから、今、叶えたいことをもっとも的確に形にできる道を選択すればいいだけだ。

最後の働き方を選ぶコツは、**自分にとって自然であるかだ。**

僕は束縛されるのが苦手だ。指示されるのも苦手だし、毎日同じことを繰り返すのも、朝早く起きることも調整しながら仕事をするということも苦手だ。やればできなくはないのだが、とてもストレスになる。仮に企業に入れてもらえたとしても、きっと活躍できないと思う。評価基準と個性が合ってないからだ。僕にとっては起業することが自然な選択だった。

逆に安定していないことに不安を感じる人もいるし、すべてを自分で自由にやるのではなく、みんなで何かをつくりあげることに喜びを見い出す人もいる。土日はしっかり休みたいという人もサラリーマンをするほうが自然だ。自分に自然としっくりくる働き方を選べばいいと思う。

大切なことは、まずはちょっと体験してみることだ。頭で考えるだけでは、本当には理解できないし、やってみてわかることもたくさんある。

僕が1カ月くらい海外をウロウロするという話をすると、「いいですね、自分もやってみたい！」とよく言われるのだが、実際にやってみると1週間を過ぎたくらいから、和食と自宅のベッドが恋しくなる人もいる。

隣の芝生は青く見えるというが、いきなり仕事をやめて1カ月も旅してしまうと後悔することになりかねない。まずは、小さく体験してみることだ。そうすると、本当に何が自分にとっての自然な選択かがわかる。

天職は見つけるものではなく、育てるもの

自分にあった「働き方」がわかったところで、次は「職業」を考えたい。

天職は「見つける」ものではない。ある日、どこかで最高なものと出合えるのではなく、自分でコツコツと丁寧に育てていくものだ。そして、自分の天職を育てていく道に終わりはない。

天職を育てていくということは、自分を知り、磨き、他人と摺り合わせていく作業だ。自分を磨くということは、自分を知らないとできない。より魅力的で、価値あるものになっていくことであるが、大切なことは、その魅力や価値というものは自分ではなく、他人が感じるものであるということだ。

仕事はひとりではできない。あなたに仕事を依頼し、お金をくれる人がいて初めて仕事になる。ということは、独りよがりではダメで、自分と他人を摺り合わせていくことが必要だ。

もちろん、他人に評価をされなくても、やりたいことをやればいいという発想もある。しかし、他人に評価されないものは「仕事」ではなく、趣味だ。お金を払ってくれる人がいて、初めて仕事と呼べるものになる。どんなにいいものでも誰にも理解されないのであれば、それは仕事とは言えない。天職は自分と周りの中で摺り合わせて、育てていくものだ。

あなたを活かす偉大な仕事とは？

では、どんな職業が自分に合っているかを一緒に見つけていきたい。あなたに合った職業には3つの要素が必要だ。それを順番に見ていこう。

まず1つ目は「何がしたいか」だ。したくないことをやることほどツライことはない。やりたいことを素直にやるほうがいい。

書店に行くと『やる気の生み出し方』のような本が並んでいたりするが、そもそもがんばらないといけないようなことは仕事にしないほうがいい。

たとえば、小さな子が夜遅くまでゲームをして遊んでいるが、あれくらい時間を忘れて熱中できることを仕事にしたほうがよい。ゲームに熱中している子に「がんばってるね！」とは言わないだろう。きっと本人も、楽しくて仕方ないだけで、がんばっているとか、努力をしているとは思っていないはずだ。

ゲームも仕事も似たようなものだ。両方とも何かしらの課題があって、それをクリアするために一生懸命にチャレンジをする。もしクリアできなければ、何度も挑戦したり練習をしたり、人に教えを乞《こ》うなどして成長をしていく。そして、やっとのことでクリアしていくのだ。1つをクリアしたら、そのチャレンジして達成する喜びを味わいたくて、もっと難しいものに挑んでいく。

ゲームも仕事もそんなに変わらない。違う点は、本人が楽しいと感じているかどうかと、自分で選んでいるかだ。ゲームだって、自分で選んでいないゲームは楽しくない。ぜひとも、仕事は「したい」ことの中から選んでほしい。

ここに、あなたが「したい」ことを見つけるための質問を紹介するので、答えてみてほしい。

質問1▼　時間を気にせず熱中できることは何ですか？

質問2▼　あなたの「好き」は何ですか？
（ジャンルは問わないので、たくさん書き出そう）

質問3▼「もっと知りたい！」と思えることは何ですか？

質問4▼どんなことを考えるとワクワクしますか？

もし答えが見つからないとすれば、それは自分の中の選択肢が少ないからだ。周囲の人に同じ質問をして、みんなの答えにも触れてみよう。また、もしかすると好きなことに素直になってはいけないと刷り込まれている人もいるかもしれない。少しずつ、自分の「好き」を解放してみることから始めよう。

この4つの質問の答えは、あなたが「したい」ものの可能性が高い。これらの中から仕事を選ぶ、もしくはこれらの要素を仕事に活かすことを考えよう。ただし、好きなだけでは仕事にはならない。僕は歌を歌うことが大好きだが、残念ながら仕事にはならない。なぜなら得意ではないからだ。

得意なことは何だろう？

天職を見つけるコツの**2つ目は「何が得意か？」だ。**好きなだけ、もしくはやりたいだけでは仕事にはならない。それで仕事になったら、僕はとっくに音楽アルバムを何枚もリリースし、バンドを従えてワールドツアーをしているはずだ。

仕事は好きなだけでなく「得意」であることも大切だ。仕事とは、誰かを喜ばせることで対価を頂くことだ。得意なことでなければ、人を喜ばせることはできない。顧客や会社に選ばれないと仕事にならない。お客さまもお金を払うので、よりよいものがいい、会社も人を雇うならよりよい仕事をする人がいいだろう。

そこで、あなたの「得意」を見つけるための質問を紹介する。

質問1▼よく人に頼まれることは何ですか？

質問2▼周りの人から「ありがとう」と言われることは何ですか？

どちらの質問も、周囲があなたから価値を感じていること（=得意なこと）である可能性が高いので、じっくりその答えを見つけてほしい。

もっとも確実な天職の育て方は周りの期待に応え続けることだ。周囲が何かを頼むということは、あなたならできると思っているからだ。できそうもないことを頼むわけがない。その期待に応え続けることで、自分の得意を磨くことができる。**まだ自分の天職がピンとこないと言う人は、頼まれごとに全力を尽くすことを続けてほしい。**数年経てば、偉大な存在になっているはずだ。

それは、誰を幸せにするだろう？

天職を見つける**3つ目のコツは「誰の役に立つか？」だ。**

どんなに好きで得意なことでも、必要としてくれる人がいなければ仕事にはならない。これは、時代と共に変化するものでもある。少し前まで電車の改札口には駅員さんがいて、切符を切っていた。あの技は素晴らしいものだと思うし、あの仕事に喜びを感じていた駅員さんも多かっただろう。

しかし、テクノロジーの進化によってなくなってしまった。残念なことに、あの鮮やかな技も今の時代では役に立てなくなってしまったのだ。好きで得意なだけではダメで、誰かの役に立たないと仕事にならない。

時々、趣味が高じて仕事になったという人と会うことがある。これは、好きで得意なことが、人の役に立つというところまで引き上がったものだ。

僕の知り合いにプラモデルが大好きな人がいることはすでにお話しした。以前はサラリーマンをしながら週末につくっていたのだが、あるとき、「どうしても飾っておきたいプラモデルがあるのだが、不器用でつくれない。代わりにつくってくれないか」と人から頼まれた。

初めは本人も楽しく、「ただでプラモデルをつくれるならいいや！」と無料で受けていたが、その後、「こんなにいいものをつくってくれたのに、ただというわけにはいかないから」と対価をもらうようになり、今では会社員をやめ、全国の不器用《ぶきっちょ》さんからの注文に応えている。本人は「プラモデルをつくるだけでこんなにお金をもらっていいのかな」と今でも言っている。

ぜひ、あなたも自分が好きで得意で、なおかつ人が喜んでくれることを探してみよう。それを見つけていくことが、天職を育てていくことなのだ。

あなたのご利益は何だろう？

もう1つ、天職を考える上で欠かせない発想があるので、紹介したい。

仕事とは、あなたらしい方法で周りの人を幸せにして対価を得ることだ。言い方を換えると、あなたと関わる人にどんないいことがあるのか。要するに、あなたの「ご利益は何か？」ということだ。

○○神社に行けば「家内安全」だったり、「交通安全」「心願成就」「恋愛成就」など、神社ごとにいろいろなご利益がある。その神社と関わることで得られる価値だ。それと同じように、あなたと関わるとどんないいことがあるかを考えてみるといい。

たとえば「あなたがいると、いつも周りが明るくなる」というのも立派なご利益だ。僕の知り合いの会社でも営業成績が悪いことを理由に若い子をクビにしてしまったのだが、その子がやめた途端に社内全体がギスギスし始めて、会社全体の営業成績が下がってしまうということがあった。実はその人が社内の明るい雰囲気や、みんなのやる気をつくっていたのだ。こういう人は管理職としてチームリーダーになると、いいチームをつくるだろう。

僕は、関わってくれた人から「いいアイデアが見つかった」「思い込んでいたことが払拭された」「わかりやすく理解できた」「なんだかやれる気がしてきた」という声を頂くことが多い。これらは僕のご利益だ。このご利益を発揮するための手段として、今の仕事をしている。

「自分のご利益」が見つかると、どんな働き方でも、どんな職業でも、自分らしさを活かしながら活躍することができるようになる。間違いがちだが「得意なこと」とはちょっと違う。**ご利益とは、あなたが得意なことで、周りにどんないいことがあるのかという周囲の人の目線での話だ。**

しかし、これは自分ではわかりづらいことなので、「私と関わることで、どんないいことがありますか？」「私を表すキーワードを３つ教えてください」と周りに聞いてみると、客観的に自分を見ることができる。結局のところ**天職を育てるということは、自分のご利益を育てていくことなのだ。**

一緒に答えたい質問

Q 喜んでくれる人は誰だろう？

仕事をする際についやりがちなのが「誰でもいいので買ってほしい」だ。これをやってしまうと仕事の成果が上がらない。なぜかと言うと魅力や価値は人によって違うからだ。

たとえば僕はパクチーが大好きなので、パクチーに大きな魅力と価値を感じているが、パクチーが嫌いな人にとっては1円も払いたくない存在だろう。

魅力や価値というのは、人それぞれ、相手の心の中に宿るものだ。ということは、「誰にでも愛される」ということはありえないということだ。

もし今、いい仕事ができていないとすれば、それは、あなたのご利益が磨かれていない可能性だけでなく、そもそもお客さま（会社）を間違えているのかもしれない。あなたのご利益を喜んでくれるお客さま（会社）の元に行くといい。

Q 周りとの「差」は何だろう？

好きで得意で人の役に立つ仕事とは、あなたと周囲の人との「差」だ。差とは「持っている」と「持っていない」、「知っている」と「知らない」、「できる」と「できない」の差だ。その差を埋めてあげることで相手は喜んでくれる。自分と他の人にどんな「差」があるのかを見つけてみるといい。

ここで、よくある「差」を紹介していく。まずは、「時間と労力」だ。時間と労力を提供することで、給料などお金をもらうことができる。しかし、多くの場合、あなたでないといけない理由が薄いため、それほど喜んでもらえない。

次に「知識」だ。知らない人に知っていることを教えると喜ばれる。しかし、これだけインターネットが普及している時代に、自分しか知らないという知識は少ないし、シェアした途端にみんなのものになってしまう。見せ方や利便性を整えることで価値を生むこともできるが、以前ほど知識や情報がお金になる時代ではなくなってきている。

そして「経験」だ。知識は「知ってること」に対し、経験は「やってきたこと」だ。本書も僕の経験に基づいてつくられているが、経験は自分だけのものである可能性が高いので、それを喜んでくれる人は多い。

最後は「人」だ。たとえば、ふと寂しくなったときに会いたい人がいたり、何か悩んでいるときに相談したい人がいると思う。その人の考え方、生き方、性格や存在などのあり方などに影響されるからだ。「あなたでないと！」と、より深く喜んでもらえる。そんなことがこの本から受けとってもらえることを願っている。

「差」が大きければ大きいほど喜ばれ、あなたの仕事になっていく。あなたと周りの「差」を見つける方法と「差」をつくっていく方法がある。どちらでもいいので、ますは「差」というものを意識してみてほしい。

「ありがとう」を集めよう

世の中で一番稼いでいる人はどんな人か？　それは、世の中で一番「ありがとう」と言われた人だと僕は思う。お金と「ありがとう」はいつも一緒にやってくる。「ありがとう」が大きければ、もらえるお金も大きい。「どうすれば、もっと稼げるか？」とつい考えがちだが、それだと顧客がお金に見えてしまい、喜んでもらうことはできない。

そうではなく、「どうすれば、もっと喜んでもらえるだろう」と考えてみると、お客さんからたくさんの「ありがとう」をもらえることになり、結果としてもらえるお金も増えていく。価値をはかる道具としてお金はとても便利だが、「ありがとう」ではかってみてはどうだろう。たくさんの「ありがとう」が集まってくるように、自分のご利益を磨いておこう。

09

目の前の人を喜ばせるために、何ができるだろう？

与えたものだけが返ってくる

きっと誰にでも、愛されたい。応援されたい。幸せになりたい。そんな気持ちがあると思う。でも、それらは自分で求めて簡単に手に入るものでもない。逆に欲しいと思えば思うほど逃げていったりするからやっかいだ。

壁に向かってボールを投げることを想像してみてほしい。当たり前の話だが、野球ボールを壁に向かって投げれば、同じボールが返ってくる。サッカーボールを投げればサッカーボールが返ってくる。しかも速く投げれば速く、優しく投げれば優しく返ってくる。自分が投げたものが投げたように返ってくる。

人間関係も同じだ。自分が周りに投げたものが返ってきているだけだ。時々、機嫌が悪いときに周囲に冷たく当たってしまうことがある。そんなときは周りからも冷たくされる。逆に人に優しくすると同じように優しく関わってもらえる。人間関係は、鏡のようなものなのだ。

もし今、人間関係に不満を抱いているようであれば、それはあなたが周りに与えているものが返ってきているだけかもしれない。周りを責めるのではなく、自分の行ないを省《かえり》みてみよう。

あなたが愛されたいと願うなら、先に愛することをすればいいし、応援されたいと思うなら応援するといい。与えたものだけが返ってくるのだから、「欲しい」と願うのではなく、欲しいものを周りに与えてみよう。

ただし、時々投げたボールが返ってこないときもある。返ってこないボールが実は壁の向こうでしっかりと蓄《たくわ》えられていて、いつかどーんと返ってくるということもある。だから安心して投げ続けるといい。あなたは投げ続ける、つまり「与える」ことをすればいいのだ。大切なことは、やりたいことを与えることだ。そうでないと見返りを期待することになる。

人生は与えたものでできてる

僕は、人生は集めたものではなくて、与えたものでできていると思っている。

僕の父は長年会社勤めをしていた。小さな会社だったせいか、毎月給料日の頃に両親がお金のことで頭を悩ませている場面をよく見かけた。父は生涯、自分の家を持つことも旅行に行くことも、趣味にお金を使うようなこともあまりなかった。その意味で言うと「成功」したほうではないだろう。何も持ってなかったのだから。

僕はこんな父を長年「ダメな人」だと思っていたが、後に考えを改めることになる。

父は60歳を超えたときに勤務先が倒産したので、自分で会社を立ち上げることになった。年齢も年齢だし、経営者タイプでもないので、とても心配した。しかし、そんな心配はまったく必要なかったのだ。父は多くの人に助けられ、順調に会社を育てていき、会社員時代よりも豊かさを手に入れた。

一昨年、父が亡くなって葬儀をしたときにも、「あなたのお父さんのおかげで」

「あなたのお父さんにお世話になって」と多くの方が挨拶に来てくださった。父は何も持っていなかったけど、長年かけて多くのものを与えていたのだ。父の人生は集めたものではなく与えたものでできていたのだ。華やかな人生ではなかったが、豊かな人生を送った人であると父の偉大さを知った。

僕はついつい「欲しい」と思ってしまう。そんなに持ちきれないのに、「まだまだ」と欲望に限りはない。しかし、僕が「欲しい」と思っている限り、周りにいる人は僕から奪われてしまい、次第に関係も希薄になっていくだろう。だから、僕は多くを与える側の人でありたいと思っている。

分け合えば、幸せが返ってくる

僕が子供の頃、八百屋を営んでいた祖父から野菜が詰まったダンボール箱がよく届いた。旬の野菜や果物、お菓子などが文字通り溢れんばかりに入っていて宝物のようだった。

祖父からの荷物が届くと、母はビニール袋に小分けにして近所に配り歩いていた。

おすそ分けというやつだ。それは一家4人で食べきれない量なので我が家に置いていても腐ってしまう。どうせなら家族で独り占めするよりも、みんなで分けたほうがいいということだった。

おもしろいもので野菜を持って歩くと、代わりにおかずやお菓子をもらえたりする。お返しを期待しておすそ分けしていたわけではないのだが、このようにお返しをもらうことができれば、我が家には野菜だけでなく、おかずやお菓子が増える。また、相手の家も野菜を増やすことができる。持っているものを分け合えば、幸せは増えていくのだ。

あなたもどんどんおすそ分けしたほうがいい。人はついつい多くのものが欲しくて、自分のものとして囲い込んでしまう。川を堰《せ》き止めて池をつくっても新しい水は入ってこない。だんだん水は腐り、池も干上がっていく。独り占めにするとは、こんなイメージだ。

しかし、分け与えることで新しいものや違うものが入ってきて、より豊かになっていく。だから持っているものは、みんなに分け与えてみよう。

あなたが持っているものはたくさんある。近くにいる人に「ありがとう」や「大丈夫？」と声をかけるだけでもいい。それも立派なおすそ分けだ。気にかけてもらっているというだけでも、救われる気持ちもあるはずだ。

時間も才能も神様からの贈り物だ。歌が得意なら歌い、人を笑わせるのが得意ならそれもいい。自分ができることで周りの人を喜ばせることで幸せの輪も広がり、もしかすると何かが返ってくるかもしれない。こうして人間関係の中に愛が生まれて循環していくのだ。

見返りを期待しない

ただし、おすそ分けをするときに、気をつけたほうがいいことがある。それは「分けても分けても、すり減らないものをあげる」ことだ。買ってまでおすそ分けしてしまっては本末転倒だ。しかし、これは結構やりがちなので注意したほうがいい。

おすそ分けをすると喜んでもらえて必要とされるから、自分の存在価値も高まったような気になる。たくさん「ありがとう」と言われると、「また喜んでほしいな！」という気持ちから、もっとおすそ分けしたくなる。すると、しまいには買ってきてまで与えるようになってしまうのだ。

しかし、買ってきてまで与えているとどんどん疲弊《ひへい》して長続きしないし、自分が不幸になってしまう。あくまで「余っているもの」をおすそ分けすればいいのだ。

また、余っていないものを与えてしまうと、「やってあげたのに」という気持ちにだんだんなってくる。見返りが欲しくて分け与えるのではなく、与えたいから与えているということを勘違いしないでほしい。

あなたがやりたいことだけを周りに与えるべきであり、ここでも「愛の選択」が意味をもつ。返ってくるものはボーナスみたいなものだ。だから与えるだけで自分が楽しいと思うことをどんどんやっていこう。

喜ばせるとチャンスが広がる

僕はプライベートだけでなく、仕事でも「喜ばせる」を先に考えるようにしている。売上を優先して「どうすれば、稼げるだろう？」と考え始めると、クライアントがお金を持ってきてくれる人に見えてくる。すると僕は「奪う人間」になってしまうのだ。

そうではなく、「どうすれば、もっと喜んでくれるだろう？」と考えるようにしている。こんな商品があると喜んでくれるかな、こんなやり方だと喜んでくれるかなと、お客さんを喜ばせることを考えている。喜んでくれた量と深さが売上になって表れる。

まずは喜ばせることを考えてみよう。しかも、あなたらしくおすそ分けできる方法で。

認められたい！

どんな人も認めてほしいという気持ちがあるのではないだろうか。自分の人間性だけでなく、仕事も認めてほしい。仕事を任せてほしい。給料を上げてほしい。好きな人に振り向いてほしい……。これはすべて「認められたい」だ。

しかし、世界中に向かって「認めてほしい！」といくら願っても、誰も認めてくれない。なぜなら、そもそも誰もあなたを知らないからだ。あなたの魅力や価値を知らないから認めようがない。

僕の友人はネットマーケティングの仕事をしている。インターネットを活用して、顧客や売上を増やすのが仕事だ。以前からの知り合いではあるが、一度も仕事を依頼したことはなかった。彼には会うたびに「何か仕事ないですか？」と聞かれていたが、お願いできるものはなかった。いや、正しく言うと、仕事はたくさんあったのだが、彼に頼めるものがなかったのだ。なぜなら、僕は彼の仕事ぶりを知らなかったからだ。

あるとき、仕事に困っていたようだったので営業のコツをお伝えしてみた。

「いきなり仕事を欲しいと言われても難しい。まずは自分を知ってもらうことが大切だ。いい仕事をするとわかれば、依頼したくなるはず。売上を望む前に相手を喜ばせるといい。まずできるところまで無償で仕事をしてみたら？」と。

その結果、彼の会社は今では多くの人から信頼される会社へと育った。僕ももちろん信頼している。社員が増えた今も、まずは喜ばせるということを徹底しているそうだ。

僕も企画書や値段の提示前に、まずは気軽に体験してもらうことを大切にしている。体験してみないと価値が伝わらないからだ。「自分を認めてほしい！」という気持ちもわかるが、そんなときこそ、まずは相手を喜ばせることをやってみてほしい。そのやり取りの中で価値が自然と伝わり、愛のやり取りになっていく。

一緒に答えたい質問

Q 大切な人が困っていることは何だろう？　願っていることは何だろう？

目の前にいる人を、自分らしい方法で喜ばせてほしいと思う。では、どうすれば、具体的に喜ばせることができるだろうか。**唯一かつ、もっとも確実な方法は「相手を知る」ことだ。**

僕が学生だった頃、友達と集まってクリスマスパーティーをしていた。参加条件は、３０００円相当のプレゼントを持ってくることだった。互いに持ち寄ったプレゼントを交換して楽しむという趣旨だが、そのプレゼントを選ぶのは本当に難しい。お店には行ってはみるものの誰に当たるかがわからないから、何を選べばいいのかわからない。プレゼントを渡す相手がわかっていれば、「こんなことに困っていたな」とか「こんなことを願っていたな」と想像することができるのだが……。つまり、相手を喜ばせるには、相手を知る必要があるのだ。

家族や友人、会社の同僚や顧客、あなたが大切だと思う人のことをたくさん知っておこう。知れば知るほど、喜ばせることができる。その人が何に困り、何を願っているか。この２つを知り、それを解決してあげると深く喜んでくれるはずだ。

Q 自分を満たすために、何ができますか？

人間関係を考える際に大切にしてほしいことは、まず自分を満たしておくということだ。自分の心の中にグラスがあるとしたら、今どれくらい満たされているかと考え、それをまずは満たすことだ。

もし、心がカラカラだと自分のグラスを満たすために、周りから奪うことになる。しかし、心が満たされていれば、自然と与えることができる。溢れているからこそ、おすそ分けできるのだ。

心のグラスを満たす方法はいくつかある。まずはすでに紹介した「愛の選択」をすることで、これが一番効果的だ。

もう1つは2章ですでにお話しした、「視点を変える」だ。

足りないところを見ていれば、いつまでもグラスがいっぱいになることはない。しかし、あるところを見るクセをつければ、今この瞬間にグラスをいっぱいにすることもできる。要するに、足りないと思っているか、満たされていると思っているかも自分次第だ。

何をくれるの？

僕がまだ駆け出しだった頃は、とにかくいろんな経験をしたいと思っていた。さまざまなセミナーに参加したり、いろんな人に会ったり、海外を旅したり。

しかし、「与える」という発想がなかったので、「ここで得られるものは何か？」を常に考えていた。実際、積極的に吸収しようと手を広げていたおかげで多くの知識や経験を得ることができた。これはこれで大切な経験だと思う。しかし、今は「ここで自分は何を与えられるのだろう？」と逆を考えている。

実はこの発想をするようになってからは、不思議とご縁が深まるようになった。セミナーに参加しても、その講師と仲良くなり、その後、仕事をご一緒させてもらえるなど、多くの人と一緒に何かをやる世界が広がっていった。しかも「何ができるの？　じゃあ、一緒にやろう」ではなく、「一緒に何かやろう。で、何する？」と、まずは僕への関心を持ってもらえるようになった。これは僕が人を喜ばせることを意識しているからだと思っている。「もらうよりも与える」という意識を持つだけで、自分の世界も大きく変わるだろう。

第3章

最高の未来をつくる11の質問

10

この悩みの向こうには、何があるだろう？

成功と失敗はいつも隣り合わせ

自分の悩みとどう向き合っていくかを一緒に考えたい。どんな人も悩みとは無縁な人生を歩みたいと願うだろう。幸せとは悩みがないことと思い込みがちだが、それは本当だろうか。はたして、そんな人生は豊かと言えるのだろうか。

僕はたくさんの成功や幸せを手にしたい、といつも願っている。どうすればもっと多くの成功や幸せを手にできるかということばかりを貪欲に考えてきた。そんな中でふと気づいたことは、人生は振り子みたいなものということだ。

コインの表と裏は必ず同時に存在する。光のないところに影もできない。両面は切っても切り離せない、いつも隣り合わせの関係だ。それと同じように成功と失敗、幸せと不幸もいつも一緒で隣り合わせで、振り子のようにお互いを行き来している。自分にとって都合のいいほうだけがほしいものだが、それは不自然だ。表だけのコインを手にすることができないように、成功や幸せだけを手にすることはできない。

振り子がプラスとマイナスを行き来することは止められないことだが、あなたの受け取り方を変えることはできる。プラスはいいもの、マイナスはよくないものと受け取っていると人生の半分は楽しいものではなくなってしまう。マイナスだって悪くないと受け止めることができると人生はいいことだらけだ。

たとえば、１つのボタンを押し続けるだけで簡単にクリアできるようなゲームは楽しいだろうか。失敗して、またチャレンジして、失敗して、考えて、やってみて、乗り越えるから、ゲームは楽しいのではないだろうか。人生も同じだ。

失敗や困難がまったくない人生はどうだろうか。心が震えるほどの感動も大きな失敗をした後だからこそ味わうことができるのではないだろうか。その意味で、失敗、バンザイだ！　たくさん失敗していけばいいと思う。

幸せも同じだ。幸せだらけの毎日は味気なく、退屈なのではないだろうか。人生は多少波風が立つくらいのほうが楽しいし、ロマンチックだ。不幸を知らなければ、深い幸せを知ることもないだろう。

実は僕は人生がどん底だったときがある。この世からいなくなる、本当にギリギリ一歩手前だった。家も仕事もお金もない、あるのは借金だけ。借金取りの人が来るたびに怯《おび》えていたから、あれから約10年経つ今でも、玄関のチャイムがなるとドキッとする。それくらいどん底だった。

でも、最悪ではなかった。そんな状況を楽しんでいたところもあった。頭のどこかで、「二度とできない経験ができているな」とか、「数年後に今のことを本に書くなら、いいネタだな」とか、「這い上がっていく僕もかっこいいな」なんて思っていた。そう思い、実際に乗り越える経験をしたおかげで、今の僕がある。その経験によって考え方や語る言葉もいい意味で変わったのであれば、不幸も悪くない。

このように失敗や不幸でなければ得られないものもたくさんある。いずれにせよ逃げることはできないので貪欲に楽しんだほうがいい。

すべてはうまくいっている

「人間万事塞翁が馬《じんかんばんじさいおううま》」ということわざがある。人間《じんかん》（人の世、人の生き方）は、塞《さい》の国に住んでいるおじいさん（翁）と馬のような関係であるといいということだ。

塞の国に住んでいたおじいさんが立派な馬を飼っていたが、ある日、逃げ出してしまった。

村人が「悪かったね」と言うと、おじいさんは「悪いかどうかはわからないよ」と言った。しばらくすると、逃げた馬は立派な仲間の馬を引き連れて戻ってきた。

村人が「よかったね！」というと、おじいさんは「いいかどうかはわからないよ」と言った。しばらくすると、おじいさんの孫が落馬して怪我をしてしまった。

また村人がやってきて「悪かったね」と言うと、おじいさんは「悪いかどうかはわからないよ」と言った。しばらくすると塞の国が隣国と戦を始めてしまったのだが、孫は怪我をしていたから戦に行かなくて済んだという、そんなお話だ。

物ごと1つひとつに、よい悪いというレッテルを貼って一喜一憂するのではなく、ちょっと大きな視野をもって物ごと全体を俯瞰《ふかん》できるといい。すべては過ぎ去っていくし、すべては、あなたのとらえ方ひとつだ。

先ほども話したように僕の人生は、一時期どん底だった。その当時は本当にツライな、何でこんな思いをしなくてはいけないんだと世の中を恨んだりもした。でも今になって振り返ってみると、あの経験があるからこそ、今の自分がいると心から思える。あの経験をしていなければ、この仕事もしていないし、この本を書いていなかっただろう。あの経験のおかげだ。そう考えると人生にはいろいろなことがあるが、すべては「うまくいっている」のだと思う。何も悪いことはない。

そしてこれからの人生もいろいろなことが起こるだろう。きっと、またどん底になることもあるかもしれない。しかしこれまでと同じようにこれからの人生もすべてはうまくいくと信じているし、そうなるように生きていく。

しかし、1つだけうまくいかなくなる原因がある。それは「怖《おそ》れの選択」だ。「〇〇するべきだ」ということを選択してしまうと、もしイヤなことがあったとき、「〇〇のせいだ」とその原因を他人に求めることになる。そうなると内省するのではなくグチや不満になっていく。

ぜひ、「愛の選択」をしてほしい。どんなときも「〇〇したい」という気持ちから考え行動すればイヤなことやツライことがあったとしても、それを他人のせいにすることなく、そこから次につながる学びを得ることができる。イヤな経験こそ、人生の糧として活かしていくのだ。愛の選択をすることで、人生に何が起きてもすべてはうまくいっているととらえることができる。

悩みということでもう１つ大切なのは、**すべては過ぎ去るということだ。**雨がいつまでも続かないように、ツライ時期も必ず晴れるときがくる。逆に晴れもいつまでも続かない。

すでに述べたように人生は振り子なので、プラスとマイナスの両面は同じだけやってくる。無駄に抗《あらが》うのではなく、その環境を受け入れることが大切だ。雨の日にも晴れの日にもいい面があり、それぞれの時期にやるべきことも、そこでしか受け取れないこともある。あなたは、それを受け取ればいいだけだ。

神様はあなたのことが大好き

僕は、神様は僕のことが大好きだと思うことにしている。冗談ではなく、結構本気で。なぜならそう考えるほうが幸せだからだ。

たとえば、仕事でうまくいかないときがある。このチャンスをつかみたいと思って全エネルギーを費やして挑んだ仕事が、見るも無残な結果になることもある。人生においては、そんなことばかりだ。

ここで神様が僕を嫌いだからと思うと、そこから何も生まれない。自分に腹を立てては周りにグチや不満をいい、悲しみに打ちひしがれてしまう。

しかし、神様はいつも僕の味方だと思っているので、何かうまくいかないことがあっても、それは今の僕に必要な神様からのプレゼントだと思うようにしている。「まだ、この幸せを受け取るには早い。1つ壁を用意しておいたから、がんばって登って来なさい」と、悩ましい壁をプレゼントしてくれたのだ、と。

そうとらえると、次の成長への種を見つけることができる。うまくいかないということは、それを乗り越えれば、また1つ「うまくいく」に近づくことができる。壁を乗り越えただけ、成功にも近づくし、幸せの深みも増すはずだ。

でも、悩みは少ないほうがいい

しかし、よほど自虐的な性格でなければ、わざわざ自分から悩みに飛び込もうなんて思わないだろう。僕もそうだ。しかし、積極的に悩みを乗り越えることで、人として成長したい。僕は、このジレンマを解決するために「未来」を想像することにしている。

たとえば、「この壁を乗り越えることができたら、どんな楽しいことが待っているだろう？」「この壁を乗り越えることができたら、どんな自分になっているだろう？」と想像してみるのだ。

その悩みの先にワクワクを感じることができるとその悩みに取り組む気も湧いてくる。飛行機に乗るのが嫌いでもハワイに着いて遊んでいる姿が想像できれば、飛行機に乗ってみようかなと思うだろう。

どんなことでも「やらなくては」と思うと、やる気も湧いてこないからいい結果にはならない。何かに取り組む前には、そこで得られるものを想像して、最大限にワクワクを高めて「やりたい」にすることが大切だ。

？一緒に答えたい質問

悩みがあるときに、どのように自分で解決策を見つけていくのか。悩んでいる自分に投げかける質問を紹介するので、次の順番で答えてほしい。

Q1 今、解決したいことや、叶えたいことは何だろう？

今、自分が悩んでいることを紙に書き出してみよう。

悩みの多くは、イヤなことから逃げ出したくて悩んでいるか、叶えたいことを叶えられなくて悩んでいるかのどちらかだ。両方の目線で書き出してみるといい。

ひとりで頭の中で悩んではいけない。一番いいのは、紙に書き出して友達に話すことだ。紙に書いて自分の目で客観的に見ることで、頭の中と問題を

切り離して考えることができるようになる。また、人に話すことで頭の中が整理される。これだけでも多くの悩みへの解決策は見えてくるだろう。

Q2 (前の質問を踏まえて)それは何が問題なのだろう?

今、書き出した悩みを1つひとつ見ながら、何が問題なのかを考えてみてほしい。よくよく考えてみると問題ではないということもある。

僕の知り合いが、ご主人を病気で亡くしてふさぎ込んでいた。悩みを聞いてほしいというので一緒にお茶をしたときのことだ。

深刻そうな顔で「主人が亡くなってしまって……」と言うので、「旦那さんが亡くなって、何が問題なんですか?」と聞いた。

すると、しばらく頭を抱えた後、「貯金も年金もあるので経済的には問題ない。友達がいるから寂しいこともない……。いろんなところに旅行に行けるし、おいしいものも食べられるし、あら、問題は何もないわね」と言ったのだ。

ご主人が亡くなった悲しみは事実だ。しかし、それは悩みや問題とは別だ。このように悩みや問題があると単に思い込んでいる可能性もあるし、悩んでも仕方なくて受け入れることしかできないこともある。

一度、あなたが問題だと思っていることは、何が問題であるかをじっくり考え、それでもやはり問題である場合のみ、しっかり悩んでいこう。

Q3 どうなったら最高だろう?

ここからは、悩みの解決策を考えていこう。

まずは、その悩みがどうなれば最高なのか、解決できた後の最高の状態をイメージしてみてほしい。これによってどの方向に解決していけばいいのかがわかる。

たとえば、社員が働かないと悩んでいる人がいたとする。「今の社員と一緒に楽しく働いている」が最高の姿なら、社員教育に力を入れるといい。「バリバリ働く社員とだけ働きたい」のであれば、働かない人にはやめてもらい、やる気のある人を採用したほうがいい。

目指すところが変われば、何をするかも変わる。できるかできないかは、まだ考えなくていいので、どうなったら自分が最高に嬉しいかをまずは考えてみよう。

Q4 原因は何だろう？

次に、問題が起こっている原因を探ってみよう。「なぜ？」と自分に問いかけることで問題の原因を見つけることができる。大切なポイントは「なぜ？」を何度も繰り返すことだ。

「恋人ができない」→「なぜ、恋人ができないのだろう？」→「出会いがないからだ」→「なぜ、出会いがないのだろう？」→「仕事ばかりしているからだ」→「なぜ、仕事ばかりなんだろう？」→「趣味がないからだ」というように、「なぜ？」で原因を深めていくと、問題の本質にどんどん近づいていく。

「恋人ができない」だけでは解決しようがない。でも、「なぜ？」を繰り返すことで、「趣味がないからだ」まで落とし込むことができれば、「趣味を始めよう」など、行動に移せるアイデアが見つかる。

悩みが解決しない大きな原因は、解決すべき原因を見つけられないことだ。的外れなことをいくらがんばっても問題は解決しない。まずは原因を見つけることに時間をかけたほうがいい。

また、「なぜ」を繰り返していると、たくさんの原因が出てくるだろう。そのときは、もっとも影響力が大きそうなものから、解決の手をつけていこう。

Q5 どうすれば、解決できるだろう？

前の質問で本当の原因がわかったら、次は解決策を考えよう。できるかどうかはまずはさておき、頭を柔軟にしてどうすれば解決できるかを考えてみよう。

山頂にたどり着く道は1つではないはずだ。ヘリコプターで降り立つことも、山を削って頂上を低くすることもできるかもしれない。可能性はたくさんある。すぐには答えが見つからないかもしれないが、この「どうすれば」という問いを自分の中に持っていれば、周囲のさまざまなものからヒントを得ることができる。

僕自身、どうすればこの本をよいものにできるかとずっと考えていた。そんなときに川が流れているのを見て、小難しい文章にするのではなくて、流れるような文章にしようと思ったり、しゃがみこんで子供と話をしているお母さんを見て、上からではなく、若い人と一緒に悩んで考える本にしようと思った。

このように問いを持って意識すれば、解決のヒントは毎日の中にも山ほど落ちている。

また、友達に「あなただったら、どうする？」と聞いてみるのもいい。自分と違う発想が聞けるかもしれない。

ただし、友達の意見をジャッジしないこと。あなたがつまらないと思う意見こそ、実は大切な意見であることもある。それをつまらないと思っているから、解決できないでいるかもしれないのだ。心を開いて、どんな意見も「いいね！」と聞いてみよう。

Q6 小さな一歩は何だろう？

次のクイズの答えを考えてみてほしい。

「電線にスズメが5羽止まっている。その中の1羽が飛び立つことを決意した。さて、あと何羽残っているだろう？」

4羽だと思うかもしれないが、正解は5羽だ。なぜなら飛び立とうと決意した1羽は決意をしただけで、まだ飛び立ってはいないからだ。

どんなにいい解決策が見つかっても、行動しなければ変化は訪れない。現実を変えていく唯一の手段は行動することだ。ぜひ一歩を踏み出してほしい。ただし、ここで大きな一歩を踏み出そうとすると、うまくいかない。大きな一歩を踏み出すには勇気もいるし、自信もいる。そうなると結局、躊躇して踏み出さないことになりがちだ。

まずは、小さな一歩を踏み出すことだ。大きな一歩ではなく、小さな10歩だ。小さな一歩を積み重ねていくことが、偉大な場所にたどり着く確実な方法だ。

悩みと親友になる

今、あなたが悩んでいるということは昨日の自分とは違う変化、つまり次のステージに上がっていく準備ができてきたということだ。次のステージとの間に「悩み」は生まれる。悩みには自分が望むものもそうでないものもあるだろうが、それは間違いなく人生をより豊かにしていくチャンスであり、日々成長をしている証だ。

人生から悩みがなくなるなんてことはないし、どれだけ逃げても逃げ切れることもないのだから、諦めて上手に付き合うほうがいい。付き合い方を覚えてしまえば、悩みも案外といいヤツだ。

逆を言えば、今、何も悩みがないとすれば、そちらのほうが問題かもしれない。変わらない毎日をただこなしているだけになっていないだろうか。人生にはそんな休憩時間も必要だが、十分に休んだら、ちょっとだけ上を向いてみよう。新たな悩みとともに、もっと大きな幸せが待っている。

11

今日は、どんな1日にしようか？

幸せは待っていてもつかめない

どうすれば理想の人生を歩むことができるかという話をここまでしてきた。どの質問も大切なので、人生の岐路に立ったときには思い出してほしい。

人生はおもしろいもので、本当に自分が望んだ通りになっていく。今、どんな環境に身を置いているか、これまでどう生きてきたかは関係ない。未来は自由につくれる。今、人生がどん底で希望が見えないと感じている人もいるだろうが、同じような環境から這い上がってきた人もたくさんいる。その人が特別だったわけではない。あなたにもできる。

ここでよく考えてほしいことがある。それは幸せは待っていてもやってこないということだ。白馬の王子がやってきて幸せにしてくれることも、ある日、宝くじが当たって人生が一発逆転するようなこともない。いやむしろ、そうなったときこそ警戒したほうがいい。一瞬の不自然な幸せは長続きしないからだ。

あなたの周りに、ステキな人生を歩んでいる人がいるかもしれない、テレビで羨むような生活を送っている人を見ることもあるだろう。しかし、どんな人も生まれつき特別なわけでも、ある日突然、特別になったわけではない。自分の足で着々と歩み、そこにたどり着くことができたのだ。

「あの人はいいよね」と羨むのは簡単だ。「私もいつか……」と夢を見るのもいいだろう。しかし、指をくわえて待っているだけでは、そこにはたどり着けない。望む幸せを手に入れる方法は1つしかない。それは行動をすることだ。いつかテクノロジーが進歩して、頭の中で思うだけで現実が変わる日もくるかもしれないが、今のところ自分で行動する以外に現実を変える方法はない。

僕たちは、自分の人生の実践者でないといけない。他人の人生を評価する評論家や理想を語るだけの夢想家、または小難しいことを考えるだけの哲学者だけではいけない。もちろん、考えることも大切だが、最後に行動しないと絵に描いた餅《もち》に終わってしまう。

周りにはとやかく言う人は多いが、実践する人は少ない。火や水のそばに行っても、何も変わらない。火の中、水の中に飛び込んでこそ、次の世界がひらけてくる。1つでも実践することをしてほしい。その上で次を語ろう。

結局、人生は「今日」の積み重ね

人生は、結局のところ、「今日」の積み重ねでしかない。どんな過去があっても、どんな夢を描いていても、人生とは「今日」だ。

過去にどんなツライことがあったとしても、それは過去のことであって、今、現在は、あなたの頭の中にしかない。いつまでもツライことだととらえ続けることもできるし、あのツライ出来事があったから、今の私がいると感謝をすることもできる。過去は「記憶」でしかないのだから、その良し悪しを、今の自分に都合いいように書き換えればいいだけだ。

忘れられないツライ出来事があったとしても、その記憶にしがみつくことでどんないいことがあるだろうか。いつまでもかわいそうな私を演じることに、何の意味があるのだろう？　さっさと感謝をもって別れを告げたほうがいい。あなたは今を生きているのだから。

逆に、未来を見すぎることもよくない。どんなにステキな未来を描いていても、あなたは未来ではなく、今を生きているのだ。未来だけを見ることによって今を味わえなければ、それはただの夢想家だ。未来は夢見るためにあるのではなく、今をよりよく生きるためにある。

もしかすると、幸せや成功は山登りのようなものだと思っていないだろうか。それが叶うことが頂上に立つことだと。もし頂上にたどり着くことができたら、大きな達成感を味わうだろう。夢が叶って最高の気持ちだろう。

しかしだ。夢は叶った瞬間には現実になり、次の瞬間には「もっと高い山がある」ことに気づく。きっと、それは頂上が見えない高い山だろう。ここまでがんばってきたのに、まだ先があるのか……と、絶望感に似たものを感じるかもしれない。幸せや夢には終わりはない。

頂上に立つ（＝理想を手にする）ことだけが幸せだと思うのであれば、幸せな時間はとても短い。しかし、その頂上に行くまでの道中も楽しめると、人生はずっと楽しめる。途中にはキレイな花が咲いているかもしれないし、いい風もふくだろう、素晴らしい景色だって見えるだろう。時には険しい道もあるし、鼻歌を歌いたくなる道もあるだろう。その「過程」すらも楽しむことができれば、人生は楽しいことしかない。

言い方を換えれば、「何かが叶えば……」「何かができれば……」「何かがあれば……」幸せになれると考えるのではなく、今、目の前にあるものを楽しむことだ。いつか、あの未来のために……と、今をガマンすることはやめよう。多くの場合、ガマンした先に最高の未来は待っていない。

ミュージシャンや芸能人、経営者など成功している人の自叙伝や回顧録を読むと、「あのときは大変だったな、でも、楽しかったな」と成功するまでの過程を楽しんでいる人が多い。今を楽しめない道の先には、成功は待ってない。最高に楽しめる今を積み重ねていくのだ。

「素の自分」が、いつも試される

僕自身がまだ駆け出しだった頃、とにかく人脈を増やせば仕事がうまくいくと思っていたので、異業種交流会に積極的に参加したり、成功している人にゴマをすって近づいたりしていた。僕自身が立派なわけでもないのに、「あの人を知っている」と自慢したこともあった。今思い返すと、顔から火が出るほど恥ずかしい。けれど、今これを読んでドキッとしている人もいるだろう。

大企業の名刺を持ったことで、自分が大きくなったと思ったり、他人がつくった土俵に乗っていい気持ちになっている人もいるかもしれない。しかし、それはその人やその人がつくったものが素晴らしいのであってあなたが優れているわけではない。オオカミの皮をかぶった羊というやつだ。キツイ言い方で耳が痛い人もいると思うが、僕もそうだったので勘弁して聞いてほしい。

僕自身、どれだけオオカミの皮をかぶっても、物事はうまくいかなかった。チカラを持った人と食事する機会に恵まれても、望んでいたチャンスが目の前に来ても、つかむことができなかった。それはごまかしようのない「素」の自分が試されるからだ。どんな武器を持つかではなく、それを持つのがどんな自分であるかが大切なのだ。

何を言うかではなく、誰が言うかが大切だ。家が汚い整理収納アドバイザーの話、自分の会社がうまくいっていない経営コンサルタントの話、家庭がうまくいってない恋愛アドバイザーの話を聞きたいだろうか。

何を知っていて何が語れるかとか、何ができるかということももちろん大切だが、その前に、自分がどのように生きているかが大切だ。自分が体現できていないものを語っても説得力がない。しつこいようだが、そういう意味でも、今、ここ、自分をどう生きているかを、しっかりと考えておきたい。

「今」の積み重ねだけが、未来につながる。そして、それは外ではなく、自分の中にある。「こうしたらいいな」「こんなことやれたらいいな」と頭で思うことを1つひとつ行動に移し、経験を積み重ねていくということだ。

実際にやってみると、頭の中でイメージしていたこととは違う結果になることが多い。頭の中でゴールまでをシミュレーションするだけではダメなのだ。山の1合目にいるときに想像する3合目は、3合目に行ってみたほうが確実にわかる。だから、まずは行動だ。

正解は1つだけではない

ここからはどうすれば「素」の自分を磨いていけるかを考えていきたい。「価値観」という言葉がある。価値観とは何がよくて何がよくないと思うかという価値基準だ。「貧しくても好きなことをして生きていく」という考えもあれば、「イヤな仕事をしても贅沢をしたい」という考えもあるだろう。その違いが価値観だ。それは、人それぞれなので自分の価値観を見つけ、つくっていくといい。

周りから与えられた価値観ではなく、「自分はこう思う」という自分の価値観で生きていくと、後悔やグチのない本当の意味で自分にとっての豊かな人生を手にできる。その自分の価値観に気づくために、ここまでさまざまな質問を紹介してきた。

自分の価値観をつくっていく上で大切なポイントは、自分に問いかけることと、「こだわりをなくす」ことだ。「何かにこだわる」と聞くと、前向きでポジティブなイメージがあるのではないだろうか。

しかし、辞書を引いてみると「心が何かにとらわれて、自由に考えることができなくなる。気にしなくてもいいようなことを気にする」「他人からの働きかけを拒む、なんくせをつける」と説明されている。実はあまりいい言葉ではないのだ。

たしかに、自分の考えをしっかりと持つことは大切だ。しかし、その考えだけにこだわってしまうと、他のものを受け止めることができなくなる。もっといいものがあっても受け入れられず、広がりが生まれない。これでは環境の変化にも対応できないし、成長できるはずもない。人生がとても狭く窮屈だ。

僕が思う理想は「Aもいい、Bもいい、Cもわかるし、Dもいい。どれもいいと思うよ。でも今は、Aを選択しようかな」とか「どれもいいけど、私はAが好き」という状態だ。

これは、とても自由な状態だと思う。自由とは、糸が切れた凧のように何ともつながっていない状態のことではなく、すべてのものとつながり、それを受け止め必要に応じて選べることだと思う。そのためには、今の自分の価値観で良し悪しを決めるのではなく、どんな価値観でもいいので、まずはより多くの価値観に触れてみることだ。

何か新しいことをやってみる

自分の価値観を広げるためにもっとも簡単な方法が、「新しいことをする」だ。駅から家まで違う道を通って帰ってみる。行ったことのないお店に入ってみる。読んだことのないジャンルの本を読んでみる。普段聴かない音楽を聴いてみる。普段は会わないような人とお酒を呑んでみるなど、どんなことでもいい。

これまでやったことがないことをやれば、そこには驚きと発見があるだろう。そして、自分が生きていた世界がどれだけ狭かったかを知ることができる。

僕は昔、インドを旅したことがある。当時のインドは今よりもカースト制度がより厳しかったので、どれだけ努力をしても、どんなに才能があっても、路上生活から一生抜け出せない子供たちがたくさんいることを知った。

しかし、日本に住む僕たちは、自由に未来を創造することができる。自分の将来をどうするかは自分次第だ。それがどれだけ恵まれていることかを僕は知らず、周りがみんなそうだったから当たり前だと思っていた。本当は学校に通えることはとても贅沢で幸せなことだったのに、その価値を理解することなく、学校に行きたくないと思っていた。世界が狭かったのだ。

自分の外にあるものにたくさん触れることで、世界を広げることができるし、自分をより深く知るきっかけにもなる。他の世界と触れ合わないことは、せっかく本を買ってきても、1ページしか読まないようなものだ。あなたがその本の1ページならば、読んでいないページが数億ページもある。

旅に出ることもオススメだが、せっかく海外に行っても、日本人が集まっているところに行って和食を食べていては意味がない。知らない世界に飛び込んでみよう。そもそも旅に出なくても、新しいものは日常の中に転がっている。つまり、意識の問題だ。

ぜひ毎日、これまでやったことのないことをやってみてほしい。新たな視界がひらけてくるだろう。

一緒に答えたい質問

Q 今日、うまくいったことはなんだろう？

僕は、毎日やっていることがある。それは寝る前に「今日、うまくいったことはなんだろう？」と自分に問いかけてから寝ることだ。数年前までは、枕元にノートをおいて、毎日書き出していた。

人は「できていないこと」や「欠けているもの」に目がいくという習性がある。これは本能だから仕方ない。なぜなら悲しいことやイヤなこと、危ないことに目がいかないと、生命の危機につながるからだ。

しかし、嬉しいことや楽しいことはすぐに忘れてしまう。なぜなら、忘れると何度も楽しめるからだ。

僕たちは「ダメ」を見つけやすい性質があるので何かが終わると反省会をし、何がダメだったかと考える。しかし、それを繰り返すと自信もなくなるし、気持ちも沈んでくる。

そこで、「うまくいったこと」をあえて考えてみるのだ。そうすると気持ちも上がり、自分は何が得意なのかということもわかってくる。

ダメなものをよくするにはムリがある。魚に「飛べ！」と言っても無理だろう。できないものはできないからだ。できないところを改善するよりも、うまくできることを伸ばすほうが自然だ。魚はもっと上手に泳いだほうがいいに決まっている。だから、自分がうまくできることがわかったら、次は、どうすればもっとうまくいくかを考えてみるといい。もっとうまくなれるだろう。

Q 今日は、どんな幸せをつくろうか？

何度もしつこいようだが、人生はあなたがつくっている。今日をどんな1日にするかは、あなた次第だ。行きたかったお店でランチをするのも、友達とお話をするのもいいだろう。仕事で1つチャレンジするのもいいし、手をつけていないことに新たにチャレンジするのもいいだろう。

何でもいいので、今日1つ自分を幸せにすることを考えてみよう。楽をするのとは違う。本当の意味での幸せに近づける今日を楽しんでほしい。

とは言え、僕自身、若い頃、時間を無駄にすることが怖かったときがあった。常に何かをしていないと不安になったり、仕事や勉強などいつも自分を高めていないと不安だったりもした。実は今でも、パソコンを置いて家から出るのが怖い。

しかし、自分の未来をつくるのに今を犠牲にするのは間違っているのではないだろうか。今日という日、今の年齢、そしてこの環境で味わえる楽しみは二度とない。未来への投資も必要だが、今を消費することも大切だ。未来は今日の積み重ねでできているからこそ、日々を大切にバランスよく自分を幸せにしていこう。

Q 最高の自分なら、どんな1日を過ごすだろう?

繰り返しになるが、幸せは準備ができている人のところにやってくる。準備ができていない人は受け取ることができないので、受け取るにふさわしい自分になっておくことが大切だ。そのためには未来を先取りする必要がある。

僕は、どん底状態から抜け出すために、まずは住まいを広島から東京に移してみた。環境をゴソッと変えてみたかったのだ。お金がないのに東京のような物価の高いところに来たのだから、生活は大変だった。当時、家賃4万円台の6畳一間で暮らしていた。そのときに強く感じたのが、この生活に違和感を覚えないとダメだということだった。今の生活が自分にふさわしいと思ってしまうとその状態から抜け出せないと思ったのだ。

そこで、週に1回くらいは特別な日をつくった。お金はなかったが、その日のためにちょっと節約をして、憧れの街にあるいいホテルのラウンジにお茶を飲みに行っていた。僕の頭の中では、「貧しい人がなけなしの金をはたいて、ちょっと贅沢をしている」ではなく、「近所に住んでいて、ちょっとふらっとお茶しにきた」という設定だった。

毎週のように通っていると、店員さんとも顔なじみになってくる。高級ホテルのラウンジが行きつけになってくるのだ。その自分が本当の自分だと思うようにした。それから2年くらいで、僕は借金を完全に返し終わり、その憧れだった街に引っ越すことになる。

もしあのとき、6畳一間の生活が自分らしいと思っていたら、今の僕はないはずだ。あなたも自分の「ふさわしい」をイメージし、その自分こそが当たり前だと思えるように行動してみよう。現実は後からついてくるものだ。

人生をつくっていく

僕は、最近、新しいキャリーバッグが欲しいと思っている。そう思い始めると世の中にあるキャリーバッグがとても目につくようになる。

友人と東京駅を歩いていたとき、駅から抜けたところで、「黒いキャリーバッグの人って意外と少ないね」と話したら、「見てなかった」と友達は答えた。同じ景色を見ているはずなのに、僕はキャリーバッグを見ていて、彼は見ていなかったのだ。

人は目で見るのではなく、頭で見ている。自分が意識したものだけを見ているのだ。世の中は愛に満ちていると思っている人は、実際に愛をたくさん見つけるだろうし、世の中は憎しみで溢れていると思っている人は、実際に憎しみをたくさん見つけるだろう。世の中は自分が見たいように見えるようになっている。

世の中には、幸せだと思っている人も不幸だと思っている人もいるだろう。しかし、不幸だと思っている人は、不幸を見つけるのが得意なだけで、幸せだと思っている人は幸せを見つけるのが得意なだけの違いでしかない。幸せな人にだけ毎日特別なことが起きているわけではなく、同じような毎日の中で見ているものが違うのだ。

僕も、その昔、「毎日がツライな」と思っていた時期には、朝起きてすぐに「今日は、どんなイヤなことがあるだろう?」と自分に問いかけていた。「今日は、あの仕事があるからイヤだな。今日は、あの人と会わないといけないからイヤだな」と。

しかし、今は「どんないいことがあるだろう?」と問いかけ、「今日はあの仕事があるから楽しいな。今日はあの人と会えて嬉しいな」と。それほど変わらない毎日でも、より多く、より深い幸せを感じられるようになったのだ。

人生は、毎日の積み重ねだ。人生は自分に何を問いかけるかで出来上がっている。ぜひ、幸せをたくさん見つけられる問いを自分に投げかけてほしい。あなたはすでに幸せなのだ。

第4章

あなたの人生をつくっていこう

自分の「大切」をつくる

僕はよく旅をするが、新しい街を散策するときには、まず目印をつくることをする。目印があると道に迷っても、また元に戻ることができるから安心して散策を楽しむことができる。そうすると地図もいらない。

人生も同じだ。何か自分の軸となるようなものを持っていれば、人生に迷ったときや自分を見失ったときにも、ちゃんと戻ってくることができる。逆にとんとん拍子にうまくいっているときにも、道を間違えないための指針になる。

僕は人生を最大限に楽しむ上で、大切にしたいことを10カ条にしている。この本でも紹介したことなので改めて書き出すことは割愛するが、あなたも自分だけの10カ条をつくってみてほしい。自分らしい人生を満喫するために大切にしたい10のことだ。「嘘をつかない」「人を大切にする」など、なんでもいい。

毎日の中で「ここは譲れない」と思うことを書き出し、時々、その10カ条を大切にできているかを振り返ってみてほしい。いつでも書き直せばいいのだから、気軽に書き始めることをオススメする。

たとえば「豊かに生きていく」と漠然と思っていても、具体的に何をどうすればいいかわからない。でも、この10カ条があれば、それを現実にしていくことが自分の人生を豊かにしていくことになる。とてもシンプルなことだ。

自分を大切に、そして素直に

本書では、「あなたはあなたらしく、自分を大切に、わがままに生きればいい」ということをお伝えしてきた。

もしかすると、読んでくださった人の中には、みんなひとりで生きているわけでないのだから、みんながわがままを言い出したら、社会が成り立たないのでは？と思う人もいるかもしれない。本当はわがままに生きていきたいけど、周りとの関係を保たないといけないから、わがままではいられないということである。

でも、本当にそうだろうか。というのも、わがままと自己中心的は違うからだ。

繰り返すが、わがままとは、自分の気持ちに素直に生きることだ。イヤなものはイヤ。いいものはいい。「しなくてはいけない」ではなく、「したい」を選択することだ。

それに対して自己中心的とは、自分のことしか考えていないということだ。自分さえよければ、他はどうなってもいいという発想だ。この2つは大きく違う。

わがままな人が集まっても、組織はうまくいく。心地よいことや、目指すところが共通していればいいだけだ。わがままに他人を思いやることもできる。あなたがあなたらしく生きていくことで、救われる人もいる。

わがままでいることと、周りを大切にすることは、簡単に両立できる。むしろ、わがままでいるほうが周りを幸せにできる、と。

自分に問い続けよう

アンパンマンのテーマソング「アンパンマンのマーチ」に次のような歌詞がある。

なんのために生まれて　なにをして生きるのか　こたえられないなんて
そんなのはいやだ！

なにが君のしあわせ　なにをしてよろこぶ　わからないままおわる
そんなのはいやだ！

何のために生きるのか。何をして生きるのか。何が幸せなのか。何をして喜ぶのか。その答えを求め続けていくことが、人生をつくっていくことなのだろう。その答えは誰かに与えられるものではなく、自分の手と足で見つけていくものだ。誰かに与えられたものでは、心からは納得できないことになる。ぜひ、自分の答えを求め続けてほしい。

僕たちは、親や先人たちの背中を見て育ってきた。たとえば、まだちゃんと働いたこともない子供が、働くことをイヤだと言うのを聞いたことはないだろうか。まだまだ遊んでいたい。仕事をしたくない。大人になりたくないと。なぜ働いたこともないのにイヤだと感じているのだろう。

それは僕たち大人に責任があると思っている。毎日、イヤそうな顔をして仕事に行って疲れた顔をして帰宅して、家でも仕事のグチを言っている。テレビでも「ツライ仕事のストレスを発散しましょう！」と言っている。これでは、働くことにいいイメージを子供たちが抱くことができるはずもない。「できれば働きたくないけど仕方ない」となんとなく思い込んでしまう。残念ながらこれでは豊かな人生を歩めそうもない。

そろそろ、その負の連鎖を断ち切ろう。言い訳をせずに、毎日をイキイキと味わいつくしている姿を子供たちに見せていこう。僕たちは、今の時代を生きている。これまでの発想にとらわれることなく、今の自分たちが大切だと思える発想にシフトしていけばいい。それはもしかすると先人たちや周りの人とは違うかもしれない。でも、あなたの人生をどう生きていくかという答えは、あなたの中にしかない。

何が幸せか。どうすれば成功できるのか。その答えもあなたの中にある。

だからこそ、あなたに必要なものは「答え」ではなく「問い」だ。この本は人生の岐路に差しかかる度に何度も読み返し、ここで紹介した質問に答えてみてほしい。その度に、そのときの自分に必要な答えを手にすることができるだろう。人は変化していくのだから、毎回答えは違うはずだし、それが当然だ。

自分らしく、自分に素直に生きていくことは、楽なことではない。周囲に合わせたり、流されて生きていくことのほうが実際は楽だ。しかし、それでは手にできない幸せがあることに気づいたからこそ、本書を手にとったのだと思う。それならば、これからは自分の道を歩いていこう。険しい道かもしれないし、独りぼっちになることもあるかもしれない、不安になることもあるだろう。しかし、どんなときも答えは自分の心の中にしかない。強く、しなやかに、愛をもって生きていくために。

おわりに

最後になったが、この本に関わってくださった皆さまに深く感謝を申し上げたい。僕の話を「おもしろい！」と世に出してくださった編集の小林薫さん、関眞次さん。これまでにたくさんの考えるきっかけをくださった皆さま。僕を信頼してチャレンジの場を与えてくださるお客さまお一人おひとり。いつも切磋琢磨してくださる友達や仲間。質問の楽しさだけでなく、生きる道を示してくださるマツダミヒロさん。そして、こうして手にとってくださったあなた。

心から感謝しています。本当にありがとうございます。この本がより多くの人の元に届き、ひとりでも多くの人が自分らしく、自分を大切に生きていけることを心から願って。

２０１８年７月　河田真誠

おわりに

ハナサクプロジェクトの紹介

「らしく輝く人をもっと」をテーマに自分に問いかけ、自分に素直に生きていく人を応援するプロジェクトを展開しています。一般向けのワークショップや企業研修、小学校から大学の授業まで質問を通して一人でも多くの方が、自分らしい花を咲かせていくきっかけをお届けしています。あなたも一緒に活動しませんか？

また、講演や研修、学校での授業の依頼も承っています。詳しくは、http://hanasaku.love をご覧ください。

一緒に活動をしている全国の仲間たち

（五十音順、敬称略）

青木 哲男
あんどう としえ
生田 亜矢子
生田 繁
大野 真理
尾口 弥生
オノデラ マサト
大澤 智美
菊池 颯花
坂田 恭子
坂本 篤彦
山藤 紗名英
椎葉 彰典
嶋田 恵子
庄崎 由紀
杉原 舞子
高坂 美穂
高橋 真里
高橋 裕子
瀧澤 孝子
たしろ あん
谷川 陽介
寺本 美乃里
とみた あきこ
長澤 郁子
なかしま うらら
中村 静江
西 順子
長谷川 修
姫野 有美
姫松 阿由美
平原 了一
古川 尚人
三浦 由香
三宅 肇子
安田 真紀子
谷田 美奈子
矢箆原 浩介
山口 光美
山本 麻知代
よしたけ ちほ

河田真誠（かわだ・しんせい）

1976年生まれ。質問家。生き方や考え方、働き方などの悩みや問題を質問を通して解決に導く「しつもんの専門家」として、企業研修や学校で授業を行なっている。主な著書に『革新的な会社の質問力』（日経ＢＰ社）、『私らしく わがままに 本当の幸せと出逢う 100の質問』（A-Works）など。

http://shinsei-kawada.com/

企画協力　関眞次

装丁＋本文デザイン＋イラスト　藤塚尚子（e to kumi）

校正　円水社

JASRAC出　1806932-801

人生《じんせい》、このままでいいの？

最高《さいこう》の未来《みらい》をつくる11の質問《しつもん》

2018年8月15日　初　　版
2025年1月16日　初版第6刷

著者　河田真誠
発行者　菅沼博道
発行所　株式会社 CCCメディアハウス
〒141-8205　東京都品川区上大崎3丁目1番1号
電話　販売　049-293-9553
編集　03-5436-5735
http://books.cccmh.co.jp

印刷・製本　株式会社新藤慶昌堂

ISBN978-4-484-18226-1